알기쉽고 신비한
신세대궁합코드

범전 김춘기

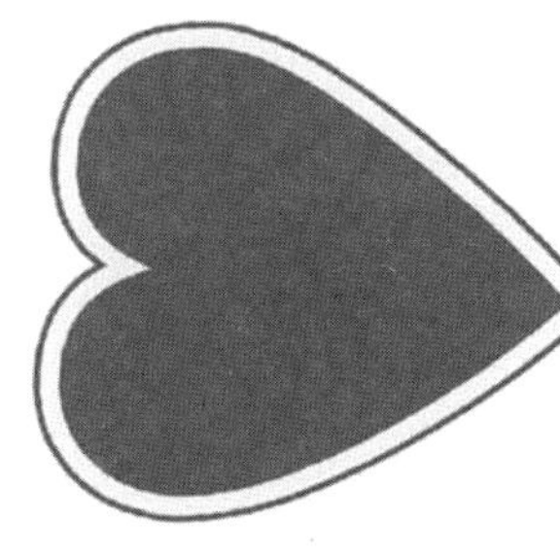

　본인은 사주학의 정통 이론들을 엮어서 다음과 같은 책들을 펴낸
바 있다.

　『그림으로 배우는 사주원리』
　『신살·격국 총정리』
　『궁합과 성클리닉』
　『운을 알아야 성공할 수 있다』

　모든 인간관계에는 언제나 궁합(宮合)이 작용력을 발휘하고 있으
므로 현대에 들어서면서 사랑과 궁합에 대한 중요성이 부각되고 있
지만 궁합에 대한 사주 이론의 이치가 깊고 오묘하여 일반인들이 쉽
게 이해하기 어려운 점이 있었다.

　이에 본인은 일반인들, 특히 젊은 세대들의 궁합에 대한 궁금증을
풀어드리고자 그 동안 간명(看命)을 해 오면서 모아 두었던 자료들을
참고로 하여 이 책을 엮어보았다. 수많은 사람들의 다양한 성격과 운
세, 그리고 그들의 인간적 역학 관계인 궁합(宮合)을 이 한 권의 책을
통하여 정확하게 파악할 수 있다고는 말할 수 없지만 어느 정도의
궁금증은 풀어 줄 수는 있을 것으로는 생각하기에 천학비재(淺學非
才)의 부끄러움을 무릅쓰고 감히 세상에 펼쳐 보인다.

길하든 흉하든 절대적인 궁합(宮合)은 없다. 아무리 궁합이 좋아도 상대방을 이해하고 배려하는 노력을 게을리 하면 흉(凶)이 되는 것이고, 지극히 나쁜 궁합이라 할지라도 상대방을 배려하면서 조화(調和)를 이루어 나가면 길(吉)함이 되는 것이다. 부디 이 책을 유익하고 바람직한 인간관계를 형성해 나가는데 참고하기 바란다.

이 책을 펴낼 수 있도록 물심양면으로 도와주신 서울 중랑구 묵동 '하밀톤양복점' 전익하(全益夏)사장님과 '정인문화원' 전경숙 원장님, 그리고 항상 다정하고 소중한 황전 45회 장영권, 장우근, 이제인을 비롯한 죽마고우(竹馬故友) 여러분들과 언제나 착하고 예쁜 와온 신은경양(孃)에게 감사의 말씀을 드리고, 출판에 지원을 아끼지 않으신 경덕출판사 진성원 사장님과 정성어린 편집으로 책을 예쁘게 꾸며주신 김명희님께 더욱 깊은 감사를 드린다.

2004년 깊어 가는 가을에

먹골의 역리정사(易理精舍)에서 김춘기

차 례

제1장 | 코드(Code) 뽑기

개인별 코드(Code) 뽑는 요령

01_ 코드는 출생한 연·월·일·시에 따라 구성된다.

02_ 음력(陰曆)을 기준으로 한다.

(음력을 모를 경우에는 양력을 기준으로 한다.)

03_ 같은 2월생도 출생 띠에 따라 생월 코드가 다르고,

같은 13일생도 생월에 따라 생일 코드가 다르고

같은 14 : 20시생도 생일에 따라 생시 코드가 다르다.

예 1960년(쥐띠해) 2월 13일 14 : 20 출생자의 코드

구분	생년	생월	생일	생시
코드	A	B	B	I

* 산출근거

연 : 쥐띠해 코드 ──────── A

월 : 쥐띠해 2월의 코드 ──────── B

일 : 쥐띠해 2월 13일의 코드 ──────── B

시 : B일 14 : 20시의 코드 ──────── I

🔍 쥐띠 해 **[A]**

월\일	1	2	3	4	5	6	7	8	9	10	11	12	13	14	15
1월(A)	A	B	C	D	E	F	G	H	I	J	K	L	A	B	C
2월(B)	B	C	D	E	F	G	H	I	J	K	L	A	B	C	D
3월(C)	C	D	E	F	G	H	I	J	K	L	A	B	C	D	E

∴ 생년월일 코드 − **A B B**

🔍 출생시간 코드 (14 : 20)

일\시각	00~01	01~03	03~05	05~07	07~09	09~11	11~13	13~15	15~17	17~19	19~21	21~23	23~24
A일생	A	B	C	D	E	F	G	H	I	J	K	L	A
B일생	B	C	D	E	F	G	H	I	J	K	L	A	B
C일생	C	D	E	F	G	H	I	J	K	L	A	B	C

∴ 생시코드 − **I**

그래서 1960년(쥐띠해) 2월 13일 14 : 20 출생자의 코드는 'ABBI'가 된 것이다.

코드표

쥐띠 해(A)

월＼일	1	2	3	4	5	6	7	8	9	10	11	12	13	14	15
1월(**A**)	A	B	C	D	E	F	G	H	I	J	K	L	A	B	C
2월(**B**)	B	C	D	E	F	G	H	I	J	K	L	A	B	C	D
3월(**C**)	C	D	E	F	G	H	I	J	K	L	A	B	C	D	E
4월(**D**)	D	E	F	G	H	I	J	K	L	A	B	C	D	E	F
5월(**E**)	E	F	G	H	I	J	K	L	A	B	C	D	E	F	G
6월(**F**)	F	G	H	I	J	K	L	A	B	C	D	E	F	G	H
7월(**G**)	G	H	I	J	K	L	A	B	C	D	E	F	G	H	I
8월(**H**)	H	I	J	K	L	A	B	C	D	E	F	G	H	I	J
9월(**I**)	I	J	K	L	A	B	C	D	E	F	G	H	I	J	K
10월(**J**)	J	K	L	A	B	C	D	E	F	G	H	I	J	K	L
11월(**K**)	K	L	A	B	C	D	E	F	G	H	I	J	K	L	A
12월(**L**)	L	A	B	C	D	E	F	G	H	I	J	K	L	A	B

알기쉽고 신비한 신세대 궁합코드

쥐띠 해(A)

월 \ 일	16	17	18	19	20	21	22	23	24	25	26	27	28	29	30	31
1월(**A**)	D	E	F	G	H	I	J	K	L	A	B	C	D	E	F	G
2월(**B**)	E	F	G	H	I	J	K	L	A	B	C	D	E	F	G	
3월(**C**)	F	G	H	I	J	K	L	A	B	C	D	E	F	G	H	I
4월(**D**)	G	H	I	J	K	L	A	B	C	D	E	F	G	H	I	
5월(**E**)	H	I	J	K	L	A	B	C	D	E	F	G	H	I	J	K
6월(**F**)	I	J	K	L	A	B	C	D	E	F	G	H	I	J	K	
7월(**G**)	J	K	L	A	B	C	D	E	F	G	H	I	J	K	L	A
8월(**H**)	K	L	A	B	C	D	E	F	G	H	I	J	K	L	A	B
9월(**I**)	L	A	B	C	D	E	F	G	H	I	J	K	L	A	B	
10월(**J**)	A	B	C	D	E	F	G	H	I	J	K	L	A	B	C	D
11월(**K**)	B	C	D	E	F	G	H	I	J	K	L	A	B	C	D	
12월(**L**)	C	D	E	F	G	H	I	J	K	L	A	B	C	D	E	F

소띠 해(B)

월 \ 일	1	2	3	4	5	6	7	8	9	10	11	12	13	14	15
1월(**B**)	B	C	D	E	F	G	H	I	J	K	L	A	B	C	D
2월(**C**)	C	D	E	F	G	H	I	J	K	L	A	B	C	D	E
3월(**D**)	D	E	F	G	H	I	J	K	L	A	B	C	D	E	F
4월(**E**)	E	F	G	H	I	J	K	L	A	B	C	D	E	F	G
5월(**F**)	F	G	H	I	J	K	L	A	B	C	D	E	F	G	H
6월(**G**)	G	H	I	J	K	L	A	B	C	D	E	F	G	H	I
7월(**H**)	H	I	J	K	L	A	B	C	D	E	F	G	H	I	J
8월(**I**)	I	J	K	L	A	B	C	D	E	F	G	H	I	J	K
9월(**J**)	J	K	L	A	B	C	D	E	F	G	H	I	J	K	L
10월(**K**)	K	L	A	B	C	D	E	F	G	H	I	J	K	L	A
11월(**L**)	L	A	B	C	D	E	F	G	H	I	J	K	L	A	B
12월(**A**)	A	B	C	D	E	F	G	H	I	J	K	L	A	B	C

소띠 해(B)

월 \ 일	16	17	18	19	20	21	22	23	24	25	26	27	28	29	30	31
1월(**B**)	E	F	G	H	I	J	K	L	A	B	C	D	E	F	G	H
2월(**C**)	F	G	H	I	J	K	L	A	B	C	D	E	F	G	H	
3월(**D**)	G	H	I	J	K	L	A	B	C	D	E	F	G	H	I	J
4월(**E**)	H	I	J	K	L	A	B	C	D	E	F	G	H	I	J	
5월(**F**)	I	J	K	L	A	B	C	D	E	F	G	H	I	J	K	L
6월(**G**)	J	K	L	A	B	C	D	E	F	G	H	I	J	K	L	
7월(**H**)	K	L	A	B	C	D	E	F	G	H	I	J	K	L	A	B
8월(**I**)	L	A	B	C	D	E	F	G	H	I	J	K	L	A	B	C
9월(**J**)	A	B	C	D	E	F	G	H	I	J	K	L	A	B	C	
10월(**K**)	B	C	D	E	F	G	H	I	J	K	L	A	B	C	D	E
11월(**L**)	C	D	E	F	G	H	I	J	K	L	A	B	C	D	E	
12월(**A**)	D	E	F	G	H	I	J	K	L	A	B	C	D	E	F	G

호랑이 해(C)

월＼일	1	2	3	4	5	6	7	8	9	10	11	12	13	14	15
1월(**C**)	C	D	E	F	G	H	I	J	K	L	A	B	C	D	E
2월(**D**)	D	E	F	G	H	I	J	K	L	A	B	C	D	E	F
3월(**E**)	E	F	G	H	I	J	K	L	A	B	C	D	E	F	G
4월(**F**)	F	G	H	I	J	K	L	A	B	C	D	E	F	G	H
5월(**G**)	G	H	I	J	K	L	A	B	C	D	E	F	G	H	I
6월(**H**)	H	I	J	K	L	A	B	C	D	E	F	G	H	I	J
7월(**I**)	I	J	K	L	A	B	C	D	E	F	G	H	I	J	K
8월(**J**)	J	K	L	A	B	C	D	E	F	G	H	I	J	K	L
9월(**K**)	K	L	A	B	C	D	E	F	G	H	I	J	K	L	A
10월(**L**)	L	A	B	C	D	E	F	G	H	I	J	K	L	A	B
11월(**A**)	A	B	C	D	E	F	G	H	I	J	K	L	A	B	C
12월(**B**)	B	C	D	E	F	G	H	I	J	K	L	A	B	C	D

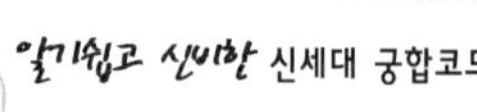

 알기쉽고 신비한 신세대 궁합코드

호랑이 해(C)

월＼일	16	17	18	19	20	21	22	23	24	25	26	27	28	29	30	31
1월(C)	F	G	H	I	J	K	L	A	B	C	D	E	F	G	H	I
2월(D)	G	H	I	J	K	L	A	B	C	D	E	F	G	H	I	
3월(E)	H	I	J	K	L	A	B	C	D	E	F	G	H	I	J	K
4월(F)	I	J	K	L	A	B	C	D	E	F	G	H	I	J	K	
5월(G)	J	K	L	A	B	C	D	E	F	G	H	I	J	K	L	A
6월(H)	K	L	A	B	C	D	E	F	G	H	I	J	K	L	A	
7월(I)	L	A	B	C	D	E	F	G	H	I	J	K	L	A	B	C
8월(J)	A	B	C	D	E	F	G	H	I	J	K	L	A	B	C	D
9월(K)	B	C	D	E	F	G	H	I	J	K	L	A	B	C	D	
10월(L)	C	D	E	F	G	H	I	J	K	L	A	B	C	D	E	F
11월(A)	D	E	F	G	H	I	J	K	L	A	B	C	D	E	F	
12월(B)	E	F	G	H	I	J	K	L	A	B	C	D	E	F	G	H

토끼띠 해(D)

월＼일	1	2	3	4	5	6	7	8	9	10	11	12	13	14	15
1월(**D**)	D	E	F	G	H	I	J	K	L	A	B	C	D	E	F
2월(**E**)	E	F	G	H	I	J	K	L	A	B	C	D	E	F	G
3월(**F**)	F	G	H	I	J	K	L	A	B	C	D	E	F	G	H
4월(**G**)	G	H	I	J	K	L	A	B	C	D	E	F	G	H	I
5월(**H**)	H	I	J	K	L	A	B	C	D	E	F	G	H	I	J
6월(**I**)	I	J	K	L	A	B	C	D	E	F	G	H	I	J	K
7월(**J**)	J	K	L	A	B	C	D	E	F	G	H	I	J	K	L
8월(**K**)	K	L	A	B	C	D	E	F	G	H	I	J	K	L	A
9월(**L**)	L	A	B	C	D	E	F	G	H	I	J	K	L	A	B
10월(**A**)	A	B	C	D	E	F	G	H	I	J	K	L	A	B	C
11월(**B**)	B	C	D	E	F	G	H	I	J	K	L	A	B	C	D
12월(**C**)	C	D	E	F	G	H	I	J	K	L	A	B	C	D	E

알기쉽고 신비한 신세대 궁합코드

토끼띠 해(D)

월 \ 일	16	17	18	19	20	21	22	23	24	25	26	27	28	29	30	31
1월(**D**)	G	H	I	J	K	L	A	B	C	D	E	F	G	H	I	J
2월(**E**)	H	I	J	K	L	A	B	C	D	E	F	G	H	I	J	
3월(**F**)	I	J	K	L	A	B	C	D	E	F	G	H	I	J	K	L
4월(**G**)	J	K	L	A	B	C	D	E	F	G	H	I	J	K	L	
5월(**H**)	K	L	A	B	C	D	E	F	G	H	I	J	K	L	A	B
6월(**I**)	L	A	B	C	D	E	F	G	H	I	J	K	L	A	B	
7월(**J**)	A	B	C	D	E	F	G	H	I	J	K	L	A	B	C	D
8월(**K**)	B	C	D	E	F	G	H	I	J	K	L	A	B	C	D	E
9월(**L**)	C	D	E	F	G	H	I	J	K	L	A	B	C	D	E	
10월(**A**)	D	E	F	G	H	I	J	K	L	A	B	C	D	E	F	G
11월(**B**)	E	F	G	H	I	J	K	L	A	B	C	D	E	F	G	
12월(**C**)	F	G	H	I	J	K	L	A	B	C	D	E	F	G	H	I

용띠 해(E)

월\일	1	2	3	4	5	6	7	8	9	10	11	12	13	14	15
1월(**E**)	E	F	G	H	I	J	K	L	A	B	C	D	E	F	G
2월(**F**)	F	G	H	I	J	K	L	A	B	C	D	E	F	G	H
3월(**G**)	G	H	I	J	K	L	A	B	C	D	E	F	G	H	I
4월(**H**)	H	I	J	K	L	A	B	C	D	E	F	G	H	I	J
5월(**I**)	I	J	K	L	A	B	C	D	E	F	G	H	I	J	K
6월(**J**)	J	K	L	A	B	C	D	E	F	G	H	I	J	K	L
7월(**K**)	K	L	A	B	C	D	E	F	G	H	I	J	K	L	A
8월(**L**)	L	A	B	C	D	E	F	G	H	I	J	K	L	A	B
9월(**A**)	A	B	C	D	E	F	G	H	I	J	K	L	A	B	C
10월(**B**)	B	C	D	E	F	G	H	I	J	K	L	A	B	C	D
11월(**C**)	C	D	E	F	G	H	I	J	K	L	A	B	C	D	E
12월(**D**)	D	E	F	G	H	I	J	K	L	A	B	C	D	E	F

알기쉽고 신비한 신세대 궁합코드

용띠 해(E)

월＼일	16	17	18	19	20	21	22	23	24	25	26	27	28	29	30	31
1월(**E**)	H	I	J	K	L	A	B	C	D	E	F	G	H	I	J	K
2월(**F**)	I	J	K	L	A	B	C	D	E	F	G	H	I	J	K	
3월(**G**)	J	K	L	A	B	C	D	E	F	G	H	I	J	K	L	A
4월(**H**)	K	L	A	B	C	D	E	F	G	H	I	J	K	L	A	
5월(**I**)	L	A	B	C	D	E	F	G	H	I	J	K	L	A	B	C
6월(**J**)	A	B	C	D	E	F	G	H	I	J	K	L	A	B	C	
7월(**K**)	B	C	D	E	F	G	H	I	J	K	L	A	B	C	D	E
8월(**L**)	C	D	E	F	G	H	I	J	K	L	A	B	C	D	E	F
9월(**A**)	D	E	F	G	H	I	J	K	L	A	B	C	D	E	F	
10월(**B**)	E	F	G	H	I	J	K	L	A	B	C	D	E	F	G	H
11월(**C**)	F	G	H	I	J	K	L	A	B	C	D	E	F	G	H	
12월(**D**)	G	H	I	J	K	L	A	B	C	D	E	F	G	H	I	J

뱀띠 해(F)

월＼일	1	2	3	4	5	6	7	8	9	10	11	12	13	14	15
1월(**F**)	F	G	H	I	J	K	L	A	B	C	D	E	F	G	H
2월(**G**)	G	H	I	J	K	L	A	B	C	D	E	F	G	H	I
3월(**H**)	H	I	J	K	L	A	B	C	D	E	F	G	H	I	J
4월(**I**)	I	J	K	L	A	B	C	D	E	F	G	H	I	J	K
5월(**J**)	J	K	L	A	B	C	D	E	F	G	H	I	J	K	L
6월(**K**)	K	L	A	B	C	D	E	F	G	H	I	J	K	L	A
7월(**L**)	L	A	B	C	D	E	F	G	H	I	J	K	L	A	B
8월(**A**)	A	B	C	D	E	F	G	H	I	J	K	L	A	B	C
9월(**B**)	B	C	D	E	F	G	H	I	J	K	L	A	B	C	D
10월(**C**)	C	D	E	F	G	H	I	J	K	L	A	B	C	D	E
11월(**D**)	D	E	F	G	H	I	J	K	L	A	B	C	D	E	F
12월(**E**)	E	F	G	H	I	J	K	L	A	B	C	D	E	F	G

 알기쉽고 신비한 신세대 궁합코드

뱀띠 해(F)

월 \ 일	16	17	18	19	20	21	22	23	24	25	26	27	28	29	30	31
1월(**F**)	I	J	K	L	A	B	C	D	E	F	G	H	I	J	K	L
2월(**G**)	J	K	L	A	B	C	D	E	F	G	H	I	J	K	L	
3월(**H**)	K	L	A	B	C	D	E	F	G	H	I	J	K	L	A	B
4월(**I**)	L	A	B	C	D	E	F	G	H	I	J	K	L	A	B	
5월(**J**)	A	B	C	D	E	F	G	H	I	J	K	L	A	B	C	D
6월(**K**)	B	C	D	E	F	G	H	I	J	K	L	A	B	C	D	
7월(**L**)	C	D	E	F	G	H	I	J	K	L	A	B	C	D	E	F
8월(**A**)	D	E	F	G	H	I	J	K	L	A	B	C	D	E	F	G
9월(**B**)	E	F	G	H	I	J	K	L	A	B	C	D	E	F	G	
10월(**C**)	F	G	H	I	J	K	L	A	B	C	D	E	F	G	H	I
11월(**D**)	G	H	I	J	K	L	A	B	C	D	E	F	G	H	I	
12월(**E**)	H	I	J	K	L	A	B	C	D	E	F	G	H	I	J	K

말띠 해(G)

월＼일	1	2	3	4	5	6	7	8	9	10	11	12	13	14	15
1월(G)	G	H	I	J	K	L	A	B	C	D	E	F	G	H	I
2월(H)	H	I	J	K	L	A	B	C	D	E	F	G	H	I	J
3월(I)	I	J	K	L	A	B	C	D	E	F	G	H	I	J	K
4월(J)	J	K	L	A	B	C	D	E	F	G	H	I	J	K	L
5월(K)	K	L	A	B	C	D	E	F	G	H	I	J	K	L	A
6월(L)	L	A	B	C	D	E	F	G	H	I	J	K	L	A	B
7월(A)	A	B	C	D	E	F	G	H	I	J	K	L	A	B	C
8월(B)	B	C	D	E	F	G	H	I	J	K	L	A	B	C	D
9월(C)	C	D	E	F	G	H	I	J	K	L	A	B	C	D	E
10월(D)	D	E	F	G	H	I	J	K	L	A	B	C	D	E	F
11월(E)	E	F	G	H	I	J	K	L	A	B	C	D	E	F	G
12월(F)	F	G	H	I	J	K	L	A	B	C	D	E	F	G	H

말띠 해(G)

월＼일	16	17	18	19	20	21	22	23	24	25	26	27	28	29	30	31
1월(**G**)	J	K	L	A	B	C	D	E	F	G	H	I	J	K	L	A
2월(**H**)	K	L	A	B	C	D	E	F	G	H	I	J	K	L	A	
3월(**I**)	L	A	B	C	D	E	F	G	H	I	J	K	L	A	B	C
4월(**J**)	A	B	C	D	E	F	G	H	I	J	K	L	A	B	C	
5월(**K**)	B	C	D	E	F	G	H	I	J	K	L	A	B	C	D	E
6월(**L**)	C	D	E	F	G	H	I	J	K	L	A	B	C	D	E	
7월(**A**)	D	E	F	G	H	I	J	K	L	A	B	C	D	E	F	G
8월(**B**)	E	F	G	H	I	J	K	L	A	B	C	D	E	F	G	H
9월(**C**)	F	G	H	I	J	K	L	A	B	C	D	E	F	G	H	
10월(**D**)	G	H	I	J	K	L	A	B	C	D	E	F	G	H	I	J
11월(**E**)	H	I	J	K	L	A	B	C	D	E	F	G	H	I	J	
12월(**F**)	I	J	K	L	A	B	C	D	E	F	G	H	I	J	K	L

양띠 해(H)

월 \ 일	1	2	3	4	5	6	7	8	9	10	11	12	13	14	15
1월(**H**)	H	I	J	K	L	A	B	C	D	E	F	G	H	I	J
2월(**I**)	I	J	K	L	A	B	C	D	E	F	G	H	I	J	K
3월(**J**)	J	K	L	A	B	C	D	E	F	G	H	I	J	K	L
4월(**K**)	K	L	A	B	C	D	E	F	G	H	I	J	K	L	A
5월(**L**)	L	A	B	C	D	E	F	G	H	I	J	K	L	A	B
6월(**A**)	A	B	C	D	E	F	G	H	I	J	K	L	A	B	C
7월(**B**)	B	C	D	E	F	G	H	I	J	K	L	A	B	C	D
8월(**C**)	C	D	E	F	G	H	I	J	K	L	A	B	C	D	E
9월(**D**)	D	E	F	G	H	I	J	K	L	A	B	C	D	E	F
10월(**E**)	E	F	G	H	I	J	K	L	A	B	C	D	E	F	G
11월(**F**)	F	G	H	I	J	K	L	A	B	C	D	E	F	G	H
12월(**G**)	G	H	I	J	K	L	A	B	C	D	E	F	G	H	I

알기쉽고 신비한 신세대 궁합코드

양띠 해(H)

월\일	16	17	18	19	20	21	22	23	24	25	26	27	28	29	30	31
1월(**H**)	K	L	A	B	C	D	E	F	G	H	I	J	K	L	A	B
2월(**I**)	L	A	B	C	D	E	F	G	H	I	J	K	L	A	B	
3월(**J**)	A	B	C	D	E	F	G	H	I	J	K	L	A	B	C	D
4월(**K**)	B	C	D	E	F	G	H	I	J	K	L	A	B	C	D	
5월(**L**)	C	D	E	F	G	H	I	J	K	L	A	B	C	D	E	F
6월(**A**)	D	E	F	G	H	I	J	K	L	A	B	C	D	E	F	
7월(**B**)	E	F	G	H	I	J	K	L	A	B	C	D	E	F	G	H
8월(**C**)	F	G	H	I	J	K	L	A	B	C	D	E	F	G	H	I
9월(**D**)	G	H	I	J	K	L	A	B	C	D	E	F	G	H	I	
10월(**E**)	H	I	J	K	L	A	B	C	D	E	F	G	H	I	J	K
11월(**F**)	I	J	K	L	A	B	C	D	E	F	G	H	I	J	K	
12월(**G**)	J	K	L	A	B	C	D	E	F	G	H	I	J	K	L	A

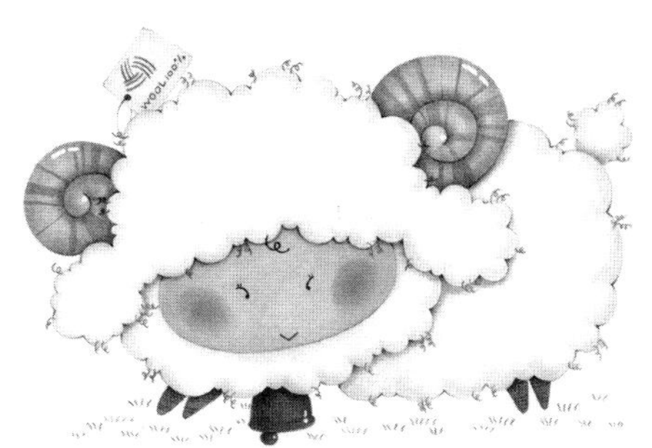

원숭이띠 해(I)

월＼일	1	2	3	4	5	6	7	8	9	10	11	12	13	14	15
1월(**I**)	I	J	K	L	A	B	C	D	E	F	G	H	I	J	K
2월(**J**)	J	K	L	A	B	C	D	E	F	G	H	I	J	K	L
3월(**K**)	K	L	A	B	C	D	E	F	G	H	I	J	K	L	A
4월(**L**)	L	A	B	C	D	E	F	G	H	I	J	K	L	A	B
5월(**A**)	A	B	C	D	E	F	G	H	I	J	K	L	A	B	C
6월(**B**)	B	C	D	E	F	G	H	I	J	K	L	A	B	C	D
7월(**C**)	C	D	E	F	G	H	I	J	K	L	A	B	C	D	E
8월(**D**)	D	E	F	G	H	I	J	K	L	A	B	C	D	E	F
9월(**E**)	E	F	G	H	I	J	K	L	A	B	C	D	E	F	G
10월(**F**)	F	G	H	I	J	K	L	A	B	C	D	E	F	G	H
11월(**G**)	G	H	I	J	K	L	A	B	C	D	E	F	G	H	I
12월(**H**)	H	I	J	K	L	A	B	C	D	E	F	G	H	I	J

 알기쉽고 신비한 신세대 궁합코드

원숭이띠 해(I)

월＼일	16	17	18	19	20	21	22	23	24	25	26	27	28	29	30	31
1월(**I**)	L	A	B	C	D	E	F	G	H	I	J	K	L	A	B	C
2월(**J**)	A	B	C	D	E	F	G	H	I	J	K	L	A	B	C	
3월(**K**)	B	C	D	E	F	G	H	I	J	K	L	A	B	C	D	E
4월(**L**)	C	D	E	F	G	H	I	J	K	L	A	B	C	D	E	
5월(**A**)	D	E	F	G	H	I	J	K	L	A	B	C	D	E	F	G
6월(**B**)	E	F	G	H	I	J	K	L	A	B	C	D	E	F	G	
7월(**C**)	F	G	H	I	J	K	L	A	B	C	D	E	F	G	H	I
8월(**D**)	G	H	I	J	K	L	A	B	C	D	E	F	G	H	I	J
9월(**E**)	H	I	J	K	L	A	B	C	D	E	F	G	H	I	J	
10월(**F**)	I	J	K	L	A	B	C	D	E	F	G	H	I	J	K	L
11월(**G**)	J	K	L	A	B	C	D	E	F	G	H	I	J	K	L	
12월(**H**)	K	L	A	B	C	D	E	F	G	H	I	J	K	L	A	B

닭띠 해(J)

월＼일	1	2	3	4	5	6	7	8	9	10	11	12	13	14	15
1월(**J**)	J	K	L	A	B	C	D	E	F	G	H	I	J	K	L
2월(**K**)	K	L	A	B	C	D	E	F	G	H	I	J	K	L	A
3월(**L**)	L	A	B	C	D	E	F	G	H	I	J	K	L	A	B
4월(**A**)	A	B	C	D	E	F	G	H	I	J	K	L	A	B	C
5월(**B**)	B	C	D	E	F	G	H	I	J	K	L	A	B	C	D
6월(**C**)	C	D	E	F	G	H	I	J	K	L	A	B	C	D	E
7월(**D**)	D	E	F	G	H	I	J	K	L	A	B	C	D	E	F
8월(**E**)	E	F	G	H	I	J	K	L	A	B	C	D	E	F	G
9월(**F**)	F	G	H	I	J	K	L	A	B	C	D	E	F	G	H
10월(**G**)	G	H	I	J	K	L	A	B	C	D	E	F	G	H	I
11월(**H**)	H	I	J	K	L	A	B	C	D	E	F	G	H	I	J
12월(**I**)	I	J	K	L	A	B	C	D	E	F	G	H	I	J	K

 알기쉽고 신비한 신세대 궁합코드

닭띠 해(J)

월 \ 일	16	17	18	19	20	21	22	23	24	25	26	27	28	29	30	31
1월(**J**)	A	B	C	D	E	F	G	H	I	J	K	L	A	B	C	D
2월(**K**)	B	C	D	E	F	G	H	I	J	K	L	A	B	C	D	
3월(**L**)	C	D	E	F	G	H	I	J	K	L	A	B	C	D	E	F
4월(**A**)	D	E	F	G	H	I	J	K	L	A	B	C	D	E	F	
5월(**B**)	E	F	G	H	I	J	K	L	A	B	C	D	E	F	G	H
6월(**C**)	F	G	H	I	J	K	L	A	B	C	D	E	F	G	H	
7월(**D**)	G	H	I	J	K	L	A	B	C	D	E	F	G	H	I	J
8월(**E**)	H	I	J	K	L	A	B	C	D	E	F	G	H	I	J	K
9월(**F**)	I	J	K	L	A	B	C	D	E	F	G	H	I	J	K	
10월(**G**)	J	K	L	A	B	C	D	E	F	G	H	I	J	K	L	A
11월(**H**)	K	L	A	B	C	D	E	F	G	H	I	J	K	L	A	
12월(**I**)	L	A	B	C	D	E	F	G	H	I	J	K	L	A	B	C

개띠 해(K)

월 \ 일	1	2	3	4	5	6	7	8	9	10	11	12	13	14	15
1월(**K**)	K	L	A	B	C	D	E	F	G	H	I	J	K	L	A
2월(**L**)	L	A	B	C	D	E	F	G	H	I	J	K	L	A	B
3월(**A**)	A	B	C	D	E	F	G	H	I	J	K	L	A	B	C
4월(**B**)	B	C	D	E	F	G	H	I	J	K	L	A	B	C	D
5월(**C**)	C	D	E	F	G	H	I	J	K	L	A	B	C	D	E
6월(**D**)	D	E	F	G	H	I	J	K	L	A	B	C	D	E	F
7월(**E**)	E	F	G	H	I	J	K	L	A	B	C	D	E	F	G
8월(**F**)	F	G	H	I	J	K	L	A	B	C	D	E	F	G	H
9월(**G**)	G	H	I	J	K	L	A	B	C	D	E	F	G	H	I
10월(**H**)	H	I	J	K	L	A	B	C	D	E	F	G	H	I	J
11월(**I**)	I	J	K	L	A	B	C	D	E	F	G	H	I	J	K
12월(**J**)	J	K	L	A	B	C	D	E	F	G	H	I	J	K	L

알기쉽고 신비한 신세대 궁합코드

개띠 해(K)

월 \ 일	16	17	18	19	20	21	22	23	24	25	26	27	28	29	30	31
1월(**K**)	B	C	D	E	F	G	H	I	J	K	L	A	B	C	D	E
2월(**L**)	C	D	E	F	G	H	I	J	K	L	A	B	C	D	E	
3월(**A**)	D	E	F	G	H	I	J	K	L	A	B	C	D	E	F	G
4월(**B**)	E	F	G	H	I	J	K	L	A	B	C	D	E	F	G	
5월(**C**)	F	G	H	I	J	K	L	A	B	C	D	E	F	G	H	I
6월(**D**)	G	H	I	J	K	L	A	B	C	D	E	F	G	H	I	
7월(**E**)	H	I	J	K	L	A	B	C	D	E	F	G	H	I	J	K
8월(**F**)	I	J	K	L	A	B	C	D	E	F	G	H	I	J	K	L
9월(**G**)	J	K	L	A	B	C	D	E	F	G	H	I	J	K	L	
10월(**H**)	K	L	A	B	C	D	E	F	G	H	I	J	K	L	A	B
11월(**I**)	L	A	B	C	D	E	F	G	H	I	J	K	L	A	B	
12월(**J**)	A	B	C	D	E	F	G	H	I	J	K	L	A	B	C	D

돼지띠 해(L)

월＼일	1	2	3	4	5	6	7	8	9	10	11	12	13	14	15
1월(**L**)	L	A	B	C	D	E	F	G	H	I	J	K	L	A	B
2월(**A**)	A	B	C	D	E	F	G	H	I	J	K	L	A	B	C
3월(**B**)	B	C	D	E	F	G	H	I	J	K	L	A	B	C	D
4월(**C**)	C	D	E	F	G	H	I	J	K	L	A	B	C	D	E
5월(**D**)	D	E	F	G	H	I	J	K	L	A	B	C	D	E	F
6월(**E**)	E	F	G	H	I	J	K	L	A	B	C	D	E	F	G
7월(**F**)	F	G	H	I	J	K	L	A	B	C	D	E	F	G	H
8월(**G**)	G	H	I	J	K	L	A	B	C	D	E	F	G	H	I
9월(**H**)	H	I	J	K	L	A	B	C	D	E	F	G	H	I	J
10월(**I**)	I	J	K	L	A	B	C	D	E	F	G	H	I	J	K
11월(**J**)	J	K	L	A	B	C	D	E	F	G	H	I	J	K	L
12월(**K**)	K	L	A	B	C	D	E	F	G	H	I	J	K	L	A

돼지띠 해(L)

월＼일	16	17	18	19	20	21	22	23	24	25	26	27	28	29	30	31
1월(L)	C	D	E	F	G	H	I	J	K	L	A	B	C	D	E	F
2월(A)	D	E	F	G	H	I	J	K	L	A	B	C	D	E	F	
3월(B)	E	F	G	H	I	J	K	L	A	B	C	D	E	F	G	H
4월(C)	F	G	H	I	J	K	L	A	B	C	D	E	F	G	H	
5월(D)	G	H	I	J	K	L	A	B	C	D	E	F	G	H	I	J
6월(E)	H	I	J	K	L	A	B	C	D	E	F	G	H	I	J	
7월(F)	I	J	K	L	A	B	C	D	E	F	G	H	I	J	K	L
8월(G)	J	K	L	A	B	C	D	E	F	G	H	I	J	K	L	A
9월(H)	K	L	A	B	C	D	E	F	G	H	I	J	K	L	A	
10월(I)	L	A	B	C	D	E	F	G	H	I	J	K	L	A	B	C
11월(J)	A	B	C	D	E	F	G	H	I	J	K	L	A	B	C	
12월(K)	B	C	D	E	F	G	H	I	J	K	L	A	B	C	D	E

출생시간 코드

월 \ 일	00~01	01~03	03~05	05~07	07~09	09~11	11~13	13~15	15~17	17~19	19~21	21~23	23~24
A일생	A	B	C	D	E	F	G	H	I	J	K	L	A
B일생	B	C	D	E	F	G	H	I	J	K	L	A	B
C일생	C	D	E	F	G	H	I	J	K	L	A	B	C
D일생	D	E	F	G	H	I	J	K	L	A	B	C	D
E일생	E	F	G	H	I	J	K	L	A	B	C	D	E
F일생	F	G	H	I	J	K	L	A	B	C	D	E	F
G일생	G	H	I	J	K	L	A	B	C	D	E	F	G
H일생	H	I	J	K	L	A	B	C	D	E	F	G	H
I일생	I	J	K	L	A	B	C	D	E	F	G	H	I
J일생	J	K	L	A	B	C	D	E	F	G	H	I	J
K일생	K	L	A	B	C	D	E	F	G	H	I	J	K
L일생	L	A	B	C	D	E	F	G	H	I	J	K	L

알기쉽고 신비한 신세대 궁합코드

제2장 │ 성격 보기

성격 보는 요령

성격은 '생일(生日) 코드'를 위주로 본다.

Code구성	첫째 글자	둘째 글자	셋째 글자	넷째 글자
산출근거	생년	생월	**생일**	생시
성격반영	15%	25%	**40%**	20%

구성된 코드 안에 생일(生日)의 '동조그룹'이 많으면 성격이 강하게 발휘된다.

반대로 '비판그룹'이 많으면 성격이 약하게 발휘된다.

생월이나 생시에 생일(生日)의 동조그룹이 있으면 '대문자'로, 없으면 '소문자'로 표시한다.

예 1960년 2월 13일 14:20생 — ABBI

- 생일코드 : B
- 동조그룹 : A, B, E, F, G, H, K
- 비판그룹 : C, D, I, J, L

동조그룹 B가 생월에 있으므로 생일코드는 'B'이다.

만약 동조그룹이 생월이나 생시에 없는 경우라면 'b'가 된다.

A일생

총명하고 침착하며 명석(明晳)하다.

혼자 있을 땐 쉽게 고독감에 빠진다.

자식사랑이 크고 가정에 헌신적이다.

작은 충동에도 쉽게 마음이 흔들린다.

박애와 봉사정신이 강하고 인정스럽다.

곧고 착하며 항상 새로운 것을 추구한다.

눈치가 빠르고 표현력과 임기응변이 좋다.

누구에게나 이로운 사람이 되고 싶어 한다.

순수하고 생기가 넘치며, 발랄하고 활동적이다.

믿음이 강하고 변화에 적응하는 속도가 빠르다.

인내심이 있고, 마음이 따뜻하여 사교성도 좋다.

근면성실하고 이해심과 함께 타산적인 면도 있다.

뽐내고 싶은 마음이 있고 주변의 인기에 민감하다.

속마음을 노출시키는 것을 꺼리고 간혹 의심도 한다.

조용한 듯하지만 간혹 광풍노도처럼 강한 면이 있다.

B일생

- 동조그룹 : A, B, E, F, G, H, K
- 비판그룹 : C, D, I, J, L

개혁보다는 안정을 원한다.

온후하고 인자하며 따뜻하다.

저울이나 잣대 같은 사람이다.

비밀을 잘 지키고 초지일관한다.

실리적이며 자기중심적이고 급하다.

순리를 따르며 항상 중용을 지킨다.

언제나 변함이 없는 순박함이 있다.

신용이 있고 착하며 신앙심이 강하다.

내면에 욕망과 집념, 명예욕이 강하다.

집념은 있으나 지속성이 약간 부족하다.

부드럽지만 속은 강건한 외유내강형이다.

부지런하고 낙천적이며 바른 말을 잘한다.

냉철하지만 소탐대실(小貪大失)할 수 있다.

허세가 약간 있어서 본심을 파악하기 힘들다.

느린 듯하지만 환경의 변화에는 민감하게 반응한다.

C일생

당당한 품위가 있어 강하다.

직선적이고 굽힐 줄 모른다.

열정적이며 주관이 뚜렷하다.

정직하고 착하며 미래지향적이다.

의외로 쉽게 좌절하는 기질이 있다.

변화에 느리기 때문에 갈등이 있다.

솔선수범하고 말보다는 실천이 먼저다.

의지가 굳은 대기만성(大器晩成)형이다.

믿음과 정신력이 좋고 승부욕이 강하다.

역경과 시련을 이겨내는 인내심이 있다.

구속받는 것을 싫어하고 공상을 좋아한다.

냉철하지만 실리보다는 체면(體面)을 중시한다.

이동하는 것을 싫어하지만 방랑을 꿈꾸기도 한다.

독불장군 기질이 있어 주변에 사람이 모이지 않는다.

많은 잠재력을 내포하고 있어 일취월장(日就月將)한다.

D일생

- **동조그룹** : A, C, D, E, H, L
- **비판그룹** : B, F, G, I, J, K

의타심과 이중성이 있다.

겁이 많아 놀라기를 잘한다.

마음이 여리고 결벽증이 있다.

순리를 따르고 무리하지 않는다.

생활력과 믿음이 강하고 인내심이 크다.

마음이 따뜻하고 이상과 포부가 웅대하다.

꾸준히 노력하여 언젠가는 목적을 달성한다.

성공을 위해서는 누군가의 도움이 필요하다.

마음속에 자부심이 강하고 정열이 숨어 있다.

대세의 흐름에 따르고 화합하려는 마음이 있다.

내면에 갈등이 있고 신경성질환의 우려가 있다.

상황과 변화에 잘 적응하여 쉽게 좌절하지 않는다.

연약하고 냉철한 듯해도 내면에 강한 끈기가 있다.

우유부단한 면이 있어 결단을 못 내리고 머뭇거린다.

부드럽고 우회적이며 상대방의 입장을 헤아릴 줄 안다.

E일생

변화에 대응하는 속도가 느리다.

신용과 약속을 중요시하고 착하다.

공상이 많고 이상(理想)을 좋아한다.

운동을 좋아하고 폭력적인 기질이 있다.

치밀하고 표현은 안 하지만 의심이 많다.

언제나 조용하고 고독해 보이며 무표정하다.

눈치가 없는 듯하여 고지식해 보이기도 한다.

중후하고 믿음직스러워 거만스럽게 비춰진다.

표정의 변화가 적어 본심을 파악하기 힘들다.

강직하고 열정적이며 꺾이지 않는 고집이 있다.

드물게 사치와 화려함을 좋아하는 사람도 있다.

대의명분을 중요시하고 현실에 집착하지 않는다.

넉넉하고 원만하며 순리적이라 매사에 너그럽다.

이성적이라서 실제의 능력보다 표현력이 부족하다.

초지일관하다가도 크게 변덕을 부리는 경향이 있다.

F일생

무심코 던진 말로 오해와 갈등이 생긴다.

화려하고 이상적이며 멋을 부릴 줄 안다.

변화무쌍하여 본 모습을 파악하기 힘들다.

적극적이며 명랑·활달하고 표현력이 좋다.

착하고 모든 일에 절차와 예절을 중시한다.

화려함 속에는 허풍과 허영(虛榮)이 숨어있다.

솔직 담백하고 이성적이지만 급한 성향이 있다.

기세에 비해 의외로 쉽게 체념하는 경우가 있다.

예능·창작부분에 소질이 있고 언변이 뛰어난다.

용기가 넘치고 두려움이 없지만 싫증을 잘 낸다.

급하게 처리하고 돌아서서 곧 후회하는 일이 있다.

용두사미(龍頭蛇尾)격으로 뒤에 가서 후회하기 쉽다.

감정이 풍부하고 사교성이 있지만 화가 나면 사납다.

선동적·순리적인 기질이 있어 앞장서는 경우가 많다.

신용이 있으나 인내심과 지속성이 부족한 경향이 있다.

G일생

용모가 준수하며 멋을 부릴 줄 안다.

조용한 듯하지만 내면에는 정열이 있다.

총명하고 정서적이며 예술적인 감각이 있다.

언제나 밝고 명랑한 모습을 보여주려고 한다.

집념이 부족하여 쉽게 체념하는 경향이 있다.

온순하면서도 순간적으로 급한 성향을 보인다.

자상하고 꼼꼼하며 흐트러지는 것을 싫어한다.

조리에 맞게 말을 잘하지만 오해를 사기도 한다.

냉철하면서도 멋을 부리는데 금전적인 지출을 한다.

은근하고 조용하게 일을 추진하지만 나태함도 있다.

감정이 풍부하고 사교성이 좋아 주위의 인기가 좋다.

착하기에 여건에 따라 쉽게 발전하고 쉽게 쇠퇴한다.

찬란한 이상과 따뜻한 사랑을 찾고, 방황하기도 한다.

이성적이라 주변의 변화와 분위기에 민감하게 반응한다.

믿음직스럽지만 실제보다 부풀리는 약간의 허풍이 있다.

H일생

- 동조그룹 : B, E, F, G, H, K
- 비판그룹 : A, C, D, I, J, L

언제나 변함이 없는 순박함이 있다.

여건의 변화에는 민감하게 반응한다.

초지일관하려고 하며 비밀을 지킨다.

안정을 원하고 급변하는 걸 싫어한다.

마음속에 욕망과 집념, 명예욕이 많다.

자존심이 강하고 인자하며 학구적이다.

부드럽지만 속은 강건한 외유내강형이다.

온후하고 인자하지만 내심 성격이 급하다.

집념은 있으나 순리에 따르는 경우가 많다.

자기중심적이라서 간섭받는 것을 싫어한다.

허세가 약간 있어서 본심을 파악하기 힘들다.

실리(實利)에 밝고 냉철하며 신용을 중시한다.

작은 것을 욕심을 내다가 큰 걸 잃을 수 있다.

최선을 다한 일의 결과를 만족스럽게 받아들인다.

순리를 따르며 항상 중용을 지키지만 열정은 있다.

I일생

이성적이고 냉정하며 날카롭다.

위엄과 결단력이 있고, 손재주가 좋다.

기질이 강하고 왕성하여 거칠어 보인다.

속단(速斷)으로 중도에서 차질을 초래한다.

직선적이고 착하며, 바른 말로 오해를 산다.

자신에게 굽히는 사람에게는 동정을 베푼다.

가정적이며 집단으로 활동하는 걸 좋아한다.

핍박을 두려워하지 않는 강골의 기상이 있다.

강인하고 정복욕이 강해서 시작하면 끝을 본다.

냉철한 듯 보이지만 일면 어설퍼 보이기도 한다.

어디서나 불의를 보면 참지 못하는 열정이 있다.

하려고 마음을 먹으면 즉시 행동하는 급함이 있다.

모든 일에 소신이 있고 믿음이 있어 의리를 지킨다.

기질이 강직하고 솔직하지만 의외의 유머감각도 있다.

이기적인 면이 있어 굴복을 싫어하고 명예를 중시한다.

J일생

귀엽고 부드러운 듯 하나 예리함이 있다.

직선적이고 결단력이 있는 기질을 감춘다.

착하기에 희로애락에 대한 반응이 빠르다.

은근히 자랑하고 싶어 하고 인기를 의식한다.

용모가 우아하고 깨끗하며 은근한 멋이 있다.

유시무종(有時無終)하여 정리정돈이 미흡하다.

당차고 야무지게 보이지만 눈물도 찔끔거린다.

야망과 열정을 갖고 항상 기회를 엿보고 있다.

자기중심적이라 기분에 따라 변덕을 부리기 쉽다.

인정이 있는 듯해도 차갑게 변하는 기질이 있다.

너무 따지다가 선수(先手)를 빼앗기는 경우가 있다.

냉정하고 철두철미하여 애정적으로 고독할 수 있다.

예언·직감 능력이 있고, 신경이 예민하고 까다롭다.

상대방의 모순에 따끔하게 일침(一針)을 놓으려 한다.

남의 비밀을 잘 파헤치고, 환경의 변화에 능동적이다.

K일생

완벽을 추구하지만 의심도 많다.

책임감이 강하고 착하며 솔직하다.

변화에 대응하는 속도가 적절하다.

운동을 좋아하고 폭력적인 기질이 있다.

매사에 여유가 있고 원만하며 너그럽다.

어느 정도의 신용(信用)과 약속을 요구한다.

고지식하고 냉철해 보이지만 눈치가 빠르다.

조용하고 고독해 보이지만 내심 외롭지 않다.

표정의 변화가 적어 본심을 파악하기 힘들다.

온순하고 침착하나 투쟁이 전개되면 잔인하다.

열정적이지만 능력에 비해 표현력이 부족하다.

다툰 다음 화해를 하면 뒤가 없고 언변이 좋다.

다혈질이며 강직하고 꺾이지 않는 고집이 있다.

초지일관하다가도 크게 변덕을 부리는 경향이 있다.

중후하고 믿음직스러워 거만스럽게 비춰지기도 한다.

L일생

양순하고 착하지만 근성이 강하다.

위기의 순간에 뛰어난 임기응변을 발휘한다.

주변의 분위기보다는 자신의 흐름을 중시한다.

주변의 변화에 능동적이고 신속하게 적응한다.

도량이 넓어 보이지만 일면 허욕(虛慾)이 있다.

고립되면 쉽게 우울해 하고 빠져 나오지 못한다.

적극적인 성향이 도리어 손해를 초래하기도 한다.

충동성이 있어 천하를 삼킬 기세로 일을 시작한다.

보은(報恩)의 기질이 있고 이해심과 사교성도 좋다.

보수적이지만 기회가 오면 단번에 해결하려고 한다.

냉철하므로 실천보다는 이론(理論)에 얽매이기 쉽다.

총명과 지혜로움이 충만해 있어 모든 일에 침착하다.

마음속을 알기 어렵고 저돌적인 반면 의심도 잘한다.

머무르는 것을 지루해하고 돌아다니는 것을 좋아한다.

조용한 듯 보이지만 강한 열정과 성취욕을 갖고 있다.

알기쉽고 신비한
신세대궁합쿄드

제3장 | 복록 보기

복록(福祿) 보는 요령

산출된 생년·월·일·시별 코드를 활용하여 타고난 복록을 알 수 있다. 만약 사주(四柱)의 네 지지를 아는 경우라면 지지를 대비(對比)해도 무방하다.

- 생년 : 근(根), 전반적인 운의 흐름과 초년운
- 생월 : 묘(苗), 청년시절 운
- 생일 : 화(花), 입신출세 등 중년운
- 생시 : 실(實), 말년운

생년에 따른 복록

A년생(쥐띠)

10대 후반에 경사(慶事)가 있고, 20대 중반에 고통을 겪게 되며, 30대 초반에 재산이 윤택해지고, 40대 후반에 큰 기회가 찾아오며, 60대 이후에는 만사가 형통한다.

B년생(소띠)

10대 중반에 방황의 우려가 있고, 20대 후반에 기회가 찾아와 발전하며, 40대부터는 실패의 우려가 크고, 60대 후반 이후에는 만사가 형통한다.

C년생(호랑이띠)

20대까지는 무난하고, 30대 중반에 큰 기회가 찾아오며, 50대에 접어들면서 큰 재산이 늘어난다.

D년생(토끼띠)

20대 중반부터 기반을 잡아 발전하고, 40대 초반에 재산의 풍파를 겪으며, 50대에 접어들면서부터 부흥(復興)한다.

E년생(용띠)

10대 후반에 영화로움이 있고, 20대 후반에 직업변동을 겪게 되며, 30대에 접어들면서 재산이 윤택해지고, 40대 후반에 큰 위기를 만나며, 50대에는 접어들면서 부흥(復興)한다.

F년생(뱀띠)

10대 중반에 명예로움이 빛나고, 20대 중반에 직장이 안정되며, 40대 중반에 금전의 큰 손해가 우려되고, 그 위기만 잘 넘기면 이후 편안하다.

G년생(말띠)

20대 중반에 직장이 안정되며, 40대 중반에 재산이 윤택해지고, 50대 초반에 친구에게 배반을 당하여 큰 위기가 찾아오며 그 고비를 잘 넘기면 이후는 편안하다.

H년생(양띠)

10대 후반에 경사(慶事)가 있고, 30대 초반에 큰 기회가 찾아오며, 40대 초반에 패배의 고배를 마시고, 50대에 접어들면서 재산과 자손이 번성한다.

I년생(원숭이띠)

20대 이전에는 고초가 많고, 30대 중반에 일시적인 파산의 고통을 겪게 되며, 40대에 접어들면 부흥하고, 50대부터는 자손 덕으로 편안하다.

J년생(닭띠)

10대에 가정의 풍파가 있고, 30대가 되어야 자수성가를 하게 되며, 40대 후반에 큰 위기가 찾아오고, 50대 이후에는 만사가 형통한다.

K년생(개띠)

10대 초반에 큰 부상의 우려가 있고, 20대에 접어들면서 경사가 있으며, 30대 중반에 이사를 하여 큰 재산을 모은다.

L년생(돼지띠)

20대 초반에 고통을 겪고, 20대 후반과 30대 후반에는 반가운 일이 있으며, 40대 초반에 재산을 탕진하는 고통을 겪고, 40대 후반에 크게 부흥하여 이후에는 만사가 형통한다.

생월에 따른 복록

A월생

말을 잘하고 가는 곳마다 재물이 있다. 조상의 유산은 물려
받기 힘들고 자수성가한다. 평야지대에서 사는 게 좋다.

B월생

삶에 풍파가 있다. 고집이 강해 점진적으로 발전하지만 파란
도 적지 않다. 재물이 넉넉하다.

C월생

가는 곳마다 권세가 있다. 베풀지만 평판은 불리하다. 재산
과 명예가 풍족하다. 가족과의 인연도 박하다.

D월생

관재구설이 두려우니 언행에 주의해야 한다. 부모 인연이 박
하니 일찍 여의거나 고향 떠나 산다. 한번은 크게 성공한다.

생월에 따른 복록

E월생

성격이 급하지만 쉽게 풀어진다. 형제의 우애는 좋으나 재산을 모으기가 쉽지 않다.

F월생

학문이 뛰어나고 권세가 많으니 의식과 명예가 풍족하지만 배우자와의 인연은 불미하다.

G월생

가는 곳마다 재물이 풍족하다. 어려울 때 도와주는 귀인이 있고 배우자와의 인연이 좋지만 고독하다.

H월생

출타하면 몸과 마음이 한가하니 고향을 떠나 산다. 반드시 한 번은 재물과 권세를 쥐게 된다.

생월에 따른 복록

I월생

육친의 덕이 부족하여 고독하다. 물조심이나 불조심을 하지 않으면 고초를 겪게 된다.

J월생

군인이나 경찰, 검찰로 나가면 이름을 떨치리라. 손발에 흠을 갖거나 중병을 앓게 된다.

K월생

창의성이 많고 예능에 뛰어난 소질이 있어 그 이름을 만방에 떨친다.

L월생

항상 분주하지만 사람에 대한 덕이 작아 배반을 당하기 쉬우며, 양자로 가기 쉽다.

생일에 따른 복록

A일생

총명하고 지혜가 많아 하나를 들으면 열을 깨달아 소년시절에 이름을 빛낸다. 언행이 충직하나 고집이 있다. 재물이 풍족하니 상업에 종사하면 성공한다.

B일생

질환에 걸리거나 재앙을 당하지 않으면 일찍 부모를 여의니 초년에 고생이 많다. 조상의 유업을 받기 힘들고 고향을 떠나 산다. 관직에 진출할 수 있지만 큰 뜻을 이루기는 쉽지 않다.

C일생

소년시절에 명성을 얻어 분주하지 않으면 양자로 들어간다. 학문에 매진하면 관록을 얻고 사람들의 존경을 받게 된다. 문무에 뛰어나지만 형제의 우애는 적어 외롭다.

D일생

남을 말을 잘 들어 손해를 보고 일의 시작은 있으나 끝이 없으니 초년에 성패(成敗)가 교차한다. 결혼이 늦을 수 있다. 낭비벽이 있고 인덕이 적으니 베풀고도 비난을 받기 쉽다.

생일에 따른 복록

E일생

영리한 두뇌와 뛰어난 능력으로 명성과 높은 관직을 얻고 재산까지 모으게 된다. 승승장구하지만 모략을 당하기 쉬우므로 자만하지 말아야 한다.

F일생

용모단정하고 학문이 뛰어나 널리 그 이름을 떨친다. 배우자와의 인연은 불리하여 한번쯤 이별할 가능성이 있지만 자식과 재물에 대한 인연은 좋다.

G일생

일찍 발복(發福)을 하지만 중년 이후에는 배우자와의 인연이 불리하다. 권세가 높고 재물이 풍족하니 상업에 종사하면 천금을 희롱하게 된다.

H일생

밖에 나가야 재물과 권세가 생기니 초년에 분주하며, 마음에는 뜬구름 같은 괴로움이 있다. 과욕만 부리지 않는다면 재물이 풍족하다. 배우자와 한 번쯤 이별하나 반드시 상봉한다.

I일생

형제가 많아도 외롭다. 영화로움은 있으나 괴로움도 있으니 몸이 상하지 않으면 부모를 일찍 여읜다. 실수로 인해 뛰어난 능력을 그르칠 우려가 있으니 신중함이 필요하다.

J일생

손발에 흠이 없으면 중병을 앓게 된다. 수입보다 지출이 많으니 초년에는 돈이 쉽게 모이지 않는다. 마음에 근심이 있어 종교계와 인연이 많다. 객지생활을 하게 된다.

K일생

창의력이 있어 스스로 성취하니 의식(衣食)이 넉넉하고 편안하다. 친구를 좋아하지만 뜻을 거스르면 서릿발 같으니 집안에 재앙이 많고 자식양육이 뜻과 같지 않다.

L일생

고독함을 즐기며 솔직하다. 재물이나 명예에 욕심이 없어 모든 걸 훌훌 털어 버리고 떠나려고 하는 기질이 많다. 간혹 다투면 도리어 불리하다.

생시에 따른 복록

A시생

구름이 걷히고 하늘이 푸르니 만년에 영화가 크다. 의식이
풍족하고 모든 게 편안하다.

B시생

의식(衣食)은 넉넉하지만 사람으로 인한 손재가 있다. 뜻하
는 바를 다 이루기에는 난관이 있다.

C시생

장사를 하면 큰돈을 만질 수 있고, 무관(武官)으로 진출하면
천하를 호령하게 된다. 사교성이 적어 불리하다.

D시생

협상하는 능력이 부족하여 고초가 있다. 경거망동하면 끊임
없는 파란을 겪게 된다.

E시생

상업에 종사하면 재물이 풍족하다. 초년에는 고통이 많으니 인내하면 반드시 성공한다.

F시생

사람에 대한 인연이 적어 배반을 당할 수 있다. 관직에 진출하지 않으면 배우자와 자식에 대한 근심이 있게 된다.

G시생

재물은 풍족하고 명예가 높다. 큰 질병을 앓게 되고 손자 같은 자식을 두게 된다.

H시생

이사를 많이 할 수 있고 배우자와의 인연도 불미하다. 장사를 하면 큰 재물을 모을 수 있다.

I시생

고집을 버리고 다양함을 추구하면 발전이 있다. 고독을 즐기며 문학과 종교에 심취할 수 있다.

J시생

사람을 믿어 손재를 당할 수 있다. 정처 없이 여행을 떠나고 싶어 한다.

K시생

공직에 진출하면 재물과 명예를 지킬 수 있다. 모사(謀事)는 능하나 성취함은 쉽지 않다.

L시생

초반의 역경을 딛고 크게 성공하여 부귀영화를 누리면서 장수한다.

알기쉽고 신비한
신세대궁합쿄드

제4장 | 운세 보기

운(運)에는 영향을 미치는 기간에 따라 연운(年運), 월운(月運), 일운(日運), 시운(時運)으로 나눌 수 있다. 그 중에서 연운(年運)이 결정적인 영향을 준다.

운(運)을 보기 위해서는 보고자 하는 시기(時期)의 코드를 찾아내서 생일 코드와 대비해야 한다. 시기의 코드와 생일 코드를 가지고 운수표(運數表)에 대비하면 운수(運數), 즉 운을 해설해 놓은 숫자를 알 수 있다.

생일 코드에는 두 가지가 있다. 대문자 생일 코드와 소문자 생일 코드이다. 생월(生月)이나 생시(生時)에 생일의 동조그룹이 있으면 대문자, 없으면 소문자로 구분한다고 '성격'항목에서 설명한 적이 있다.

생일 코드의 대·소문자 구분에 따라 운세의 흐름이 달라지니 동조그룹과 비판그룹을 엄격히 따져서 정확하게 구분해야한다.

운수(運數) 찾는 요령

01_생일 코드의 대·소문자를 정확히 구분

02_보고자 하는 시기의 코드를 파악

03_생일 코드를 다음과 같은 요령으로 대비하여 운수(運數)를
산출

- 연운(年運) : 운세를 알고자 하는 연(年)의 코드에 대비
- 월운(月運) : 운세를 알고자 하는 달(月)의 코드에 대비
- 일운(日運) : 운세를 알고자 하는 일(日)의 코드에 대비
- 시운(時運) : 운세를 알고자 하는 시(時)의 코드에 대비

04_산출된 운수(運數)에 대한 해설을 읽는다.

예 운수(運數) 찾기

1960년(쥐띠) 2월 13일 14:20시 출생자

|01| 생일 코드 확정

① 출생자 코드 파악 : A · B · B · I

② 생일 코드 파악 : B

③ 대(소)문자 결정 : **B일생**(대문자)

　　생월에 동조그룹이 있으므로 대문자에 해당

① 2004년도(원숭이띠 해)의 운세를 보기 위함이니 '원숭이띠 해'의 코드를 파악

- 코드 조견표에서 원숭이띠 해를 찾는다.
- 원숭이띠 해의 코드는 'I'임을 알 수 있다.

코드 조견표 → **원숭이띠 해(I)**

② 운수표(소문자)란에서 운수(運數)를 찾는다.

- 이 사람은 B일생이다.
- B일생의 'I'운은 '4'이다.

운수표(대문자)

운 Code	A	B	C	D	E	F	G	H	I	J	K	L
A일생	1	7	4	3	8	5	6	7	10	9	8	2
B일생	5	1	8	7	2	10	9	1	4	3	2	6
C일생	10	6	1	2	5	3	4	6	7	8	5	9

이 사람은 2004년도에는 운수 '4'에 해당하는 일이 생긴다.

① 2004년 3월의 운세를 보기 위함이니 자신의 생월이 아닌 '원숭이띠 해의 3월' 코드를 파악

- 코드 조견표에서 원숭이띠 해, 3월을 찾는다.
- 원숭이띠 해 3월의 코드는 'K'임을 알 수 있다.

코드 조견표 → 원숭이띠 해(Ⅰ)

월\일	1	2	3	4	5	6	7	8	9	10	11	12	13	14	15
1월(I)	I	J	K	L	A	B	C	D	E	F	G	H	I	J	K
2월(J)	J	K	L	A	B	C	D	E	F	G	H	I	J	K	L
3월(K)	K	L	A	B	C	D	E	F	G	H	I	J	K	L	A
4월(L)	L	A	B	C	D	E	F	G	H	I	J	K	L	A	B

② 운수표(대문자)에서 운수를 찾는다.

- B일생의 'K'운은 운수 '2'이다.

운수표(대문자)

Code\운	A	B	C	D	E	F	G	H	I	J	K	L
A일생	1	7	4	3	8	5	6	7	10	9	8	2
B일생	5	1	8	7	2	10	9	1	4	3	2	6
C일생	10	6	1	2	5	3	4	6	7	8	5	9

이 사람은 2004년 3월에는 운수 '2'에 해당하는 일이 생긴다.

|04| '2004년 3월 5일'의 운세보기

① 당일의 코드 파악

- 코드 조견표에서 '원숭이띠 해 3월 5일'을 찾는다.
- 당일의 코드는 'C'임을 알 수 있다.

🔍 코드 조견표 → 원숭이띠 해(I)

월\일	1	2	3	4	5	6	7	8	9	10	11	12	13	14	15
1월(I)	I	J	K	L	A	B	C	D	E	F	G	H	I	J	K
2월(J)	J	K	L	A	B	C	D	E	F	G	H	I	J	K	L
3월(K)	K	L	A	B	C	D	E	F	G	H	I	J	K	L	A
4월(L)	L	A	B	C	D	E	F	G	H	I	J	K	L	A	B

② 운수표(대문자)에서 운수(運數)를 찾는다.

- B일생의 'C'운은 운수 '8'이다.

🔍 운세 조견표(대문자)

Code\운	A	B	C	D	E	F	G	H	I	J	K	L
A일생	1	7	4	3	8	5	6	7	10	9	8	2
B일생	5	1	8	7	2	10	9	1	4	3	2	6
C일생	10	6	1	2	5	3	4	6	7	8	5	9

이 사람은 2004년 3월 5일에는 운수 '8'에 해당하는 일이 생긴다.

|05| '2004년 3월 5일 10:00시'의 운세보기

① 해당 시각의 코드 파악

- 당일은 'C'일이므로 C일의 10:00시 코드를 파악

- C일의 10:00시의 코드는 'H'임을 알 수 있다.

🔍 출생시간 코드

일 \ 시각	00~01	01~03	03~05	05~07	07~09	09~11	11~13	13~15	15~17	17~19	19~21	21~23	23~24
A일생	A	B	C	D	E	F	G	H	I	J	K	L	A
B일생	B	C	D	E	F	G	H	I	J	K	L	A	B
C일생	C	D	E	F	G	H	I	J	K	L	A	B	C
D일생	D	E	F	G	H	I	J	K	L	A	B	C	D

② 운수표(대문자)에서 운수를 찾는다.

- 당일은 'C일'이지만 이 사람은 'B일'생이다.

- B일생의 'H'운은 운수 '1'이다.

🔍 운세 조건표(대문자)

Code \ 운	A	B	C	D	E	F	G	H	I	J	K	L
A일생	1	7	4	3	8	5	6	7	10	9	8	2
B일생	5	1	8	7	2	10	9	1	4	3	2	6
C일생	10	6	1	2	5	3	4	6	7	8	5	9

이 사람은 2004년 3월 5일 10:00에는 운수 '1'에 해당하는 일이 생긴다.

이로써 1960년(쥐띠) 2월 13일 14 : 20시 출생자는

- 2004년도에는 운수(運數) '4'에 해당하는 일
- 2004년 3월에는 운수(運數) '2'에 해당하는 일
- 2004년 3월 5일에는 운수(運數) '8'에 해당하는 일
- 2004년 3월 5일 10:00시에는 운수 '1'에 해당하는 일

이 생긴다는 것을 알 수 있다.

 알기쉽고 신비한 신세대 궁합코드

운수표(運數表)－(대문자)

Code \ 운	A	B	C	D	E	F	G	H	I	J	K	L
A일생	1	7	4	3	8	5	6	7	10	9	8	2
B일생	5	1	8	7	2	10	9	1	4	3	2	6
C일생	10	6	1	2	5	3	4	6	7	8	5	9
D일생	9	5	2	1	6	4	3	5	8	7	6	10
E일생	6	2	7	8	1	9	10	2	3	4	1	5
F일생	7	4	9	10	3	1	2	4	5	6	3	8
G일생	8	3	10	9	4	2	1	3	6	5	4	7
H일생	5	1	8	7	2	10	9	1	4	3	2	6
I일생	4	10	5	6	9	7	8	10	1	2	9	3
J일생	3	9	6	5	10	8	7	9	2	1	10	4
K일생	6	2	7	8	1	9	10	2	3	4	1	5
L일생	2	8	3	4	7	6	5	8	9	10	7	1

운수표(運數表) - (소문자)

Code＼운	A	B	C	D	E	F	G	H	I	J	K	L
a일생	11	17	14	13	18	15	16	17	20	19	18	12
b일생	15	11	18	17	12	20	19	11	14	13	12	16
c일생	20	16	11	12	15	13	14	16	17	18	15	19
d일생	19	15	12	11	16	14	13	15	18	17	16	20
e일생	16	12	17	18	11	19	20	12	13	14	11	15
f일생	17	14	19	20	13	11	12	14	15	16	13	18
g일생	18	13	20	19	14	12	11	13	16	15	14	17
h일생	15	11	18	17	12	20	19	11	14	13	12	16
i일생	14	20	15	16	19	17	18	20	11	12	19	13
j일생	13	19	16	15	20	18	17	19	12	11	20	14
k일생	16	12	17	18	11	19	20	12	13	14	11	15
ℓ일생	12	18	13	14	17	16	15	18	19	20	17	11

운수의 해설

1운

　욕심이 강해져서 급하게 허둥대니 뜻하는 바를 이루기 어렵다. 잠시 멈춰 주변을 돌아보고 신중하게 검토해서 부족한 부분을 보충하는 것이 유익하다. 기세에 편승하지 말고 신중과 인내를 잃지 말라. 가까운 사람을 과신(過信)하면 불리하니 세심하게 확인하라. 독주하거나 이익을 지나치게 추구하면 도리어 궁지에 빠진다. 애정문제와 가족의 불화도 우려된다.

　집의 신축, 증·개축은 불리하고, 건축, 개업, 확장도 금하라.

　비뇨기·순환기·신경계질환·지병의 재발이 두려우니 몸에 이상이 있는 듯하면 방심하지 말고 조기 진단을 받도록 하라.

2운

　과욕(過慾)에 눈이 멀어 적군과 아군을 구별하지 못하니 웃는 얼굴로 다가온 도적을 친구로 맞아들인다. 철저한 검토가 없으면 큰 손재(損財)를 당할 수 있다. 형제, 친구 등 평소에 믿고 지내던 가까운 사람과의 거래, 사업 확장이 화근이 될 수 있다. 지극한 신중함과 인내가 요구된다. 다투면 불리하니 조화를 도모하라. 아집을 내세워 독주하거나 눈앞의 이익에 집착하여 일확천금을 노리면 도리어 궁지에 빠진다. 관재 구설을 당할 수 있고, 배우자에게 이상이 생길 우려가 농후하다.

　신축, 증·개축, 개업, 확장 등을 금하라.

　비뇨기·순환기·신경계질환·지병의 재발이 우려된다.

3운

　운기 생동하니 원하지도 않던 일까지도 스스로 풀린다. 불투명했던 어두운 기운이 일소되니 밝고 활발한 진취적 기상이 고취된다. 가지고 있는 지식능력을 발휘하여 전력투구하면 노력에 상응하는 성과를 얻을 수 있다. 그러나 세(勢)를 믿고 무조건 돌진하는 곳에는 함정이 있을 수 있으니 주의하라. 신규사업이나 확장은 길하고 경제적인 면도 호전되지만 분수를 지키는 지혜도 필요하다. 애정적인 면은 좋아진다.

　집의 신축, 증·개축과 전직·이동 등은 길하다.

　병의 재발, 간·신장·폐·위·신경통·외상 등에 주의하라.

4운

　실속있는 계획과 실천으로 인해 반드시 성취함이 있다. 그러나 운이 워낙 강하게 상승을 하니 노력이 공전되거나 감춰져 있던 하자가 불거져서 파란을 불러일으킬 수 있다. 따라서 일을 적극적으로 추진하는 한편 안정적으로 내실을 다지는 노력도 필요하다. 무리한 상승을 도모하다가는 내부붕괴·쟁송·이별·파산 등을 초래할 수 있으니 서두르지 말고 내용의 하자를 소멸시키는 데 유의하라. 애정적인 면은 좋아지지만 지나치면 도리어 갈등이 발생하니 조화에 유념하라.

　집의 증·개축은 불리하고, 임차, 전직, 전업은 무난하다.

　소화기·순환기·호흡기·악성종양·외상에 주의하라.

5운

결실의 수확이 크니 기쁨이 넘쳐난다. 금전운이 호전되고 모든 일이 순조롭지만 취미, 오락으로 보내는 기회가 많아 지출도 만만 치 않다. 그러나 좋고 즐거운 일 뒤에는 나쁜 일이 따르기 쉬우니 신중하게 처신해야 한다. 특히 자만에 찬 언행이나 함부로 표현하 는 불평불만은 예상외의 대립과 배신을 초래하게 되니 주의하라. 애정적인 측면은 강화되지만 가족간의 갈등이나 불상사가 발생할 수 있다.

집의 신축, 증·개축은 무난하고 전직·확장도 무난하다.

구강·소화기·호흡기·신경계·간 질환·외상에 주의하라.

6운

금전운이 상승하니 안정적인 축재(蓄財)가 가능하다. 일취월장 하니 그 동안 투자했던 노력들이 좋은 결과를 가져다주며 뜻한 바 를 이룰 수 있다. 그러나 길흉이 교차되어 후반으로 가면 운기가 떨어지므로 목표를 한 곳으로 좁혀 매진하여야 하고 너무 낙관적 으로 생각하지는 말라. 위로 오르고 앞으로 나아가려는 의욕이 왕 성하여 행동을 앞세우는 지나친 적극성은 불리하니 점진적으로 내 실을 도모하라. 애정운이 점진적으로 호전되니 식구가 늘어나게 된다.

집의 신축, 증·개축은 무난하고, 전직·이동도 무난하다.

순환기·비뇨기·안질·신경계질환·외상 등에 주의하라.

7운

운세가 호전되기 시작하는 시기이지만 급속히 좋아지지는 않으니 서두르지 말고 때를 기다려라. 따라서 적극적인 자세보다는 시간이 소요되더라도 토대를 굳게 하여 노력하면 자연히 앞길이 밝아 올 것이다. 철저하게 소극적인 언행이 효과적이며 윗사람의 조언을 활용하는 것이 중요하고, 자신의 능력을 배양하는 노력과 남에게 의지하여 일을 도모하는 지혜가 필요하다. 애정에 갈등이 있다.

개업, 개점, 집의 증·개축은 길하지만 다툼은 주의하라.

지병의 재발, 소화기·기력쇠진·피부질환 등에 주의하라.

8운

전망이 밝고 무슨 일이던지 쾌조의 진전을 보는 왕성한 운이므로 갈망하던 꿈을 성취할 수 있다. 그러나 매사에 정도를 밟고 목표를 향하여 집중하여야 하며, 중도에 다른 일에 빠지게 되면 모처럼의 호기를 잃어버리는 결과가 되니 승진·영전·번영 등의 즐거움은 많지만 태만은 금물이다. 모든 일이 생각대로 이루어지고 선배나 주위 사람의 도움으로 비약의 기회가 많아 바쁘지만 궤도를 벗어나지 않고 점진적으로 전진하는 것이 중요하다. 애정적인 희망도 성취할 수 있다.

집의 신축, 증·개축, 개점, 개업, 확장이 길하다.

소화기·호흡기·순환기 질환, 교통사고에 주의하라.

9운

　예기치 않은 계산착오와 혼선으로 발목이 잡힐 수 있으니 매사에 주의 깊게 조심하는 자세가 필요하다. 신중함과 인내심, 성실한 노력이 요구된다. 오판(誤判)으로 함정에 빠질 수 있으므로 공격적인 자세는 불리하다. 최대한 안정적인 방안을 선택하라. 주위 사람들의 부정적인 조언을 최대한 참고하는 지혜가 필요하다. 독주(獨走)하거나 욕심을 부리면 일장춘몽이 된다. 애정적인 문제가 발생하고 가족간의 갈등도 있다.

　집의 신축, 증·개축, 건축, 개업, 확장은 불리하니 금하라.

　비뇨기·순환기·신경계질환·지병의 재발이 두렵다.

10운

　자존심에 결부된 갈등과 자만심으로 인하여 변화와 변동, 개혁 등에 대한 충동이 자주 일어나지만 충동을 자제하지 못하면 결과는 반드시 손해나 손재로 귀착되니 아무리 신중하게 처신해도 지나치지 않다. 선택이 길흉을 가르게 되므로 진퇴(進退)의 순간에는 전문가나 윗사람의 충고를 받아들이는 것이 좋고 독선은 불리하다. 모든 일을 도모할 때에는 실패한다고 가정(假定)하고 검토를 하는 것이 지혜로운 것이다. 애정적인 면도 불미하고 가족간의 갈등도 크다.

　집의 신축, 증·개축, 건축, 개업, 확장은 불리하니 금하라.

　순환기·소화기·관절염·타박상·외상에 주의하라.

11운

　운기 생동하니 원하지도 않던 일까지도 스스로 풀린다. 불투명했던 어두운 기운이 일소되니 밝고 활발한 진취적 기상이 고취된다. 가지고 있는 지식능력을 발휘하여 전력투구하면 노력에 상응하는 성과를 얻을 수 있다. 그러나 세(勢)를 믿고 무조건 돌진하는 곳에는 함정이 있을 수 있으니 주의하라. 신규사업이나 확장은 길하고 경제적인 면도 호전되지만 분수를 지키는 지혜도 필요하다. 애정적인 면은 좋아진다.

　집의 신축, 증·개축과 전직·이동 등은 길하다.

　병의 재발, 간·신장·폐·위·신경통·외상 등에 주의하라.

12운

　실속있는 계획과 실천으로 인해 반드시 성취함이 있다. 그러나 운이 워낙 강하게 상승을 하니 노력이 공전되거나 감춰져 있던 하자가 불거져서 파란을 불러일으킬 수 있다. 따라서 일을 적극적으로 추진하는 한편 안정적으로 내실을 다지는 노력도 필요하다. 무리한 상승을 도모하다가는 내부붕괴·쟁송·이별·파산 등을 초래할 수 있으니 서두르지 말고 내용의 하자를 소멸시키는 데 유의하라. 애정적인 면은 좋아지지만 지나치면 도리어 갈등이 발생하니 조화에 유념하라.

　집의 증·개축은 불리하고, 임차, 전직, 전업은 무난하다.

　소화기·순환기·호흡기·악성종양·외상에 주의하라.

13운

　욕심이 강해져서 급하게 허둥대니 뜻하는 바를 이루기 어렵다. 잠시 멈춰 주변을 돌아보고 신중하게 검토해서 부족한 부분을 보충하는 것이 유익하다. 기세에 편승하지 말고 신중과 인내를 잃지 말라. 가까운 사람을 과신(過信)하면 불리하니 세심하게 확인하라. 독주하거나 이익을 지나치게 추구하면 도리어 궁지에 빠진다. 사소한 오해로 인해 다툼이 발생하기 쉽고 애정문제와 가족의 불화도 우려된다.

　집의 신축, 증·개축은 불리하고, 건축, 개업, 확장도 금하라.

　비뇨기·순환기·신경계질환·지병의 재발이 두렵다.

14운

　과욕(過慾)에 눈이 멀어 적군과 아군을 구별하지 못하다가 불평불만에 휩싸여 몸과 마음을 상할 수 있다. 언행에 신중을 기하지 않으면 명예를 크게 훼손당할 수 있으니 주의하라. 힘에 부친다고 판단되면 물러설 줄 아는 지혜가 필요하다. 무심코 던진 말 한마디가 재앙을 불러올 수 있으니 자중하라. 지극한 신중함과 인내가 요구된다. 다투면 불리하니 조화를 도모하라. 관재 구설을 당할 수 있고, 가족간의 갈등이 생길 우려가 농후하다.

　신축, 증·개축, 개업, 확장 등을 금하라.

　비뇨기·순환기·신경계질환·지병의 재발이 우려된다.

15운

　예기치 않은 계산착오와 혼선으로 발목이 잡힐 수 있으니 매사에 주의 깊게 조심하는 자세가 필요하다. 신중함과 인내심, 성실한 노력이 요구된다. 오판(誤判)으로 함정에 빠질 수 있으므로 공격적인 자세는 불리하다. 최대한 안정적인 방안을 선택하라. 주위 사람들의 부정적인 조언을 최대한 참고하는 지혜가 필요하다. 독주(獨走)하거나 욕심을 부리면 일장춘몽이 된다. 애정적인 문제가 발생하고 가족간의 갈등도 있다.

　집의 신축, 증·개축, 건축, 개업, 확장은 불리하니 금하라.

　비뇨기·순환기·신경계질환·지병의 재발이 두렵다.

16운

　금전운이 불리하니 안정적인 운영이 필요하다. 기득권과 투자했던 노력들이 모두 물거품이 될 수 있으므로 진퇴에 신중해야 한다. 운기(運氣)가 떨어지는 시기이므로 목표를 한 곳으로 좁혀 매진하여야 하고 소극적으로 대처하는 것이 좋다. 위로 오르고 앞으로 나아가려는 의욕이 왕성할지라도 이루기는 어렵다. 점진적으로 내실을 도모하면 전화위복(轉禍爲福)이 되어 작은 것은 이룰 수 있다. 애정적인 부분도 점진적으로 관리하는 것이 유리하고 배우자의 문제가 불거질 수 있다.

　집의 신축, 증·개축, 전직·이동은 불리하다.

　순환기·비뇨기·안질·신경계질환·외상 등에 주의하라.

17운

　결실의 수확이 크니 기쁨이 넘쳐난다. 금전운이 호전되고 모든 일이 순조롭지만 취미, 오락으로 보내는 기회가 많아 지출도 만만치 않다. 그러나 좋고 즐거운 일 뒤에는 나쁜 일이 따르기 쉬우니 신중하게 처신해야 한다. 특히 자만에 찬 언행이나 함부로 표현하는 불평불만은 예상외의 대립과 배신을 초래하게 되니 주의하라. 애정적인 측면은 강화되지만 가족간의 갈등이나 불상사가 발생할 수 있다.

　집의 신축, 증·개축은 무난하고 전직·확장도 무난하다.

　구강·소화기·호흡기·신경계·간 질환·외상에 주의하라.

18운

　자존심에 결부된 갈등으로 인하여 변화와 변동, 개혁 등에 대한 충동이 자주 일어나지만 충동을 자제하지 못하면 결과는 반드시 손해나 손재로 귀착되니 아무리 신중하게 처신해도 지나치지 않다. 선택이 길흉을 가르게 되므로 진퇴(進退)의 순간에는 방황하면 불리하다. 전문가나 윗사람의 충고를 받아들이는 것이 좋고 독선은 불리하다. 모든 일을 도모할 때에는 법(法)적인 검토를 철저히 해야 지혜로운 것이다. 애정적인 면도 불미하고 가족간의 갈등도 크다.

　집의 신축, 증·개축, 건축, 개업, 확장은 불리하니 금하라.

　순환기·소화기·관절염·타박상·외상에 주의하라.

19운

운세가 호전되기 시작하는 시기이지만 급속히 좋아지지는 않으니 서두르지 말고 때를 기다려라. 따라서 적극적인 자세보다는 시간이 소요되더라도 토대를 굳게 하여 노력하면 자연히 앞길이 밝아 올 것이다. 철저하게 소극적인 언행이 효과적이며 윗사람의 조언을 활용하는 것이 중요하고, 자신의 능력을 배양하는 노력과 남에게 의지하여 일을 도모하는 지혜가 필요하다. 애정에 갈등이 있다.

개업, 개점, 집의 증·개축 등은 길하다.

지병의 재발, 소화기·기력쇠진·피부질환 등에 주의하라.

20운

전망이 밝고 무슨 일이던지 쾌조의 진전을 보는 왕성한 운이므로 갈망하던 꿈을 성취할 수 있다. 그러나 매사에 정도를 밟고 목표를 향하여 집중하여야 하며, 중도에 다른 일에 빠지게 되면 모처럼의 호기를 잃어버리는 결과가 되니 승진·영전·번영 등의 즐거움은 많지만 태만은 금물이다. 모든 일이 생각대로 이루어지고 선배나 주위 사람의 도움으로 비약의 기회가 많아 바쁘지만 궤도를 벗어나지 않고 점진적으로 전진하는 것이 중요하다. 애정적인 희망도 성취할 수 있다.

집의 신축, 증·개축, 개점, 개업, 확장 등이 길하다.

소화기·호흡기·순환기 질환, 교통사고에 주의하라.

알기쉽고 신비한
신세대궁합코드

제5장 | 궁합 보기

01_두 사람의 생일코드를 대비한다.

02_생년코드를 대비하여 참고한다.

이성적이고 자유분방한 만남이다. 조화로운 분위기를 좋아하고 멋을 알지만 초지일관하는 마음과 성실함은 부족하다. 그래서 감정이 변하기 쉽고 안정적인 측면이 부족하다. 가치관과 느끼는 감정이 비슷하므로 상대방에게 동감되는 부분이 많고 서로의 기분을 잘 이해하지만, 기질의 유사점은 양보를 방해하여 간혹 장기적인 다툼을 유발하게 되므로 주의를 해야 한다. 교제가 시작되면 두 사람의 호흡이 잘 맞는다. 처음에는 서로를 탐색하면서 남성이 리드하지만 교제가 계속되면 여성이 리드하게 된다. 그러나 둘 다 내향적인 기질이 있어서 관계를 진전시킬만한 계기를 만들기 어렵다. 시간이 지나면 상대방에게 지루함을 느끼게 되고 다투기도 잘 하므로 매끄럽지 않은 관계가 될 수 있다. 화해를 위하여 먼저 손을 내밀기가 쉽지 않다.

두 사람의 정력은 좋지만 열정이 부족하고, 탐구심이 많아 다양한 체위를 즐기지만 오르가슴을 느끼는 정도는 약하다.

음양이 조화되는 A·a, 그리고 협동을 이룰 수 있는 a·a 의 만남은 진정한 동반자로서의 보완적 관계가 되어 부귀를 얻을 수 있는 좋은 궁합이다. A·A의 경우는 시간이 지나면서 경쟁적인 관계가 부각되므로 좋은 궁합이라고 할 수 없으며 부귀의 손상도 가져올 수 있으므로 사랑하는 마음과 믿음이 많이 요구된다.

상반된 기질을 가졌으면서도 조화롭게 지낼 수 있는 만남이다. A는 이성적이고 자유분방한 반면 B는 철두철미하고 보수적이지만 서로에 대한 이해심이 좋아 의기투합하며, 조화의 결과는 B의 의견으로 귀결되는 경우가 많다. 이럴 경우에 B는 자만심이 증가할 수 있으므로 자신의 의견과 다른 A의 의견을 진정한 충고로 받아들이는 지혜로움이 필요하다. 외견상으로 A에게 있어 B는 어울리지 않는 파트너로 보이기 쉽지만 A는 큰 이해심으로 B를 이해하고 지원하게 된다. 교제가 시작되면 두 사람의 호흡이 잘 맞는다. 처음에는 A가 리드하지만 교제가 계속되면 B가 주도권을 쥐고 리드하게 된다. 시간이 지나면서 A는 일방적으로 B에게 끌려 다닌다는 기분을 가질 수 있으므로 B는 A에 대한 배려를 아끼지 말아야 한다. 간간이 사소한 다툼은 있지만 A가 먼저 손을 내밀어 화해를 청하게 된다. 사랑이 이루어지면 끈끈한 정으로 인해 어지간해서는 결별하지 않는다.

섹스에 대한 B의 열정이 부족하여 탐구심이 많은 A가 불만을 가질 수 있고, 둘 다 오르가슴을 느끼는 정도는 약하다.

음양이 조화되는 A · b의 만남이 합심하여 부귀를 얻을 수 있는 최상의 궁합이고, A · B와 a · b는 보통이며, a · B는 a의 희생과 B의 원망이 교차되어 두 사람 모두에게 불리하니 권하기 힘든 궁합이다.

A로부터 정이 생겨 나와 자연스럽게 C에게 흐르는 다정한 만남이다. 이성적이고 자유분방한 A가 C의 성장과 발전을 위해 헌신적으로 지원한다. 착하고 마음이 따뜻한 C는 A를 고맙게 여기며 은혜를 갚으려 성심을 다한다. 서로에 대한 이해심이 좋아 의기투합하며, 조화의 결과는 C를 위한 방안으로 귀결되는 경우가 많다. A의 양보와 일방적인 지원은 C에게 의타심을 조장하여 자립심과 책임감의 결여를 초래할 수 있으니 과도한 지원은 이롭지 않다. 외견상으로 잘 어울리는 만남이기 때문에 남들의 부러움을 산다. 교제가 시작되면 두 사람의 호흡이 잘 맞는다. 시종일관 A가 리드하지만 교제가 계속되면 C가 구속감을 느끼고 A로부터 벗어나려고 할 수 있으므로 A는 템포를 조절하는 지혜를 지녀야 한다. 간간이 사소한 다툼은 있지만 A의 잔소리로 인한 것일 수 있다. 싸움도 A가 걸고, 화해도 A가 청하면서 무난하게 사랑을 이어갈 수 있다.

섹스에 대한 A의 탐구심과 C의 열정이 조화를 이루어 무난하고, 둘 다 만족스러운 오르가슴을 얻을 수 있게 된다.

음양이 조화되는 A · c의 만남이 합심하여 부귀를 얻을 수 있는 최상의 궁합이고, A · C와 a · c는 보통이며, a · C는 a의 지원이 도리어 C의 발전에 지장을 초래하고 a는 원망을 갖게 되어 두 사람 모두에게 불리하니 권하기 힘든 궁합이다.

친구로 지내다가 연인이 될 가능성이 많은 만남이다. A와 D는 상대방을 자신의 파트너로 생각하지 않고 있다가 시간이 지남에 따라 정을 느끼고 사랑을 이루어 나가게 된다. 사랑의 감정은 A로부터 생겨나고, D를 지원하고자 한다. 착하고 순수한 D는 A를 고맙게 여기면서도 과소평가를 하는 경향을 보이며, A 역시 D를 지원하면서 느끼는 보람이 크지는 않다. 매끄럽지는 않지만 서로에 대해 이해하려고 노력하여 의기투합하며, D의 의견으로 귀결되는 경우가 많아 D에게 의타심을 조장할 수 있기 때문에 과도한 지원은 이롭지 않다. D가 남자일 경우 연상의 커플이 될 가능성도 있다. 교제가 시작되면 두 사람의 호흡이 잘 맞는다. 시종일관 A가 리드하지만 교제가 계속되면 D가 A로부터 벗어나고 싶어 크게 다투거나 이탈할 수 있다. 자주 의견충돌로 인한 다툼이 있고, A가 화해를 청하기도 하지만 지속적인 갈등으로 발전할 수 있으므로 평소에 상대방에 대한 배려가 필요하다.

섹스에 대한 A의 탐구심에 비해 D의 열정이 약간 부족하기 때문에 A가 오르가슴에 약간의 불만을 가질 수 있다.

음양이 조화되는 A·d의 만남이 합심하여 부귀를 얻을 수 있는 최상의 궁합이고, A·D와 a·d는 보통이며, a·D는 a의 지원이 도리어 D의 발전에 지장을 초래하고 다툼의 원인이 되어 두 사람 모두에게 불리하니 권하기 힘든 궁합이다.

상반된 기질을 가졌으면서도 조화롭게 지낼 수 있는 만남이다. A는 이성적이고 자유분방한 반면 E는 철두철미하고 보수적이지만 서로에 대한 이해심이 좋아 의기투합하며, 조화의 결과는 A의 의견으로 귀결되는 경우가 많다. 이럴 경우에 A는 자만심이 증가할 수 있으므로 자신의 의견과 다른 E의 의견을 진정한 충고로 받아들이는 지혜로움이 필요하다. E가 남자일 경우 외견상으로도 서로에게 잘 어울리며, A에 대한 이해심도 훨씬 더 크고 성심으로 지원하게 된다. 교제가 시작되면 두 사람의 호흡이 잘 맞는다. 처음에는 E가 리드하지만 교제가 계속되면 A가 주도권을 쥐고 리드하게 된다. 시간이 지나면서 E는 A에게 속아 주도권을 빼앗기고 끌려 다닌다는 기분을 가질 수 있으므로 A는 E에 대한 배려를 아끼지 말아야 한다. 간간이 사소한 다툼은 있지만 서로가 화해를 청하는데 익숙하므로 갈등이 오래가지는 않는다. 사랑이 이루어지면 끈끈한 정으로 인해 어지간해서는 결별하지 않는다.

섹스에 대한 두 사람의 취향이 비슷하기 때문에 무난하며, 둘 다 오르가슴에 대해서는 불만이 없다.

음양이 조화되는 a·E의 만남이 합심하여 부귀를 얻을 수 있는 최상의 궁합이고, A·E와 a·e는 보통이며, A·e는 e의 희생과 A의 원망이 교차되어 두 사람 모두에게 불리하니 권하기 힘든 궁합이다.

둘 다 자유분방하지만 A는 이성적인 반면 F는 감성적이기 때문에 상반된 기질로 인해 사사건건 의견이 충돌하고 갈등을 많이 겪게 되는 만남이다. 특히 F가 여자일 경우에 부정적인 성향이 강하게 나타난다. 교제가 성숙된 다음에도 결별할 수 있으므로 가능하면 큰 다툼을 피하는 것이 좋다.

섹스에 대한 두 사람의 취향이 비슷하기 때문에 무난하며, 둘 다 오르가슴에 대해서는 불만이 없다.

음양이 조화되는 A·F의 만남은 합심하여 부귀를 얻을 수 있는 최상의 궁합이다. F의 급하고 감정적인 성격을 A는 이성적으로 보완해 주기 때문에 의기투합하며, A의 쓴 충고는 항상 달콤한 결과를 가져다주므로 F는 A의 의견을 존중하게 된다. A가 남자일 경우 F의 여성다운 기질이 더 원활하게 표출되어 외견상으로도 서로에게 잘 어울리며, F를 능수능란하게 리드할 수 있다. 교제가 시작되면 시종일관 A가 리드하지만 시간이 지나면 F가 답답해할 수 있으므로 A는 F에 대한 배려를 아끼지 말아야 한다. 다툼의 결과는 항상 A의 일방적인 승리로 끝나지만 F의 마음속에는 큰 갈등의 잔재가 남아 있을 수 있으니 다정한 어루만짐이 필요하다.

a·F와 a·f는 보통이고, A·f는 A의 냉정한 기질이 f의 감성적인 가슴에 골이 깊은 상처와 원망을 줄 수 있기 때문에 두 사람 모두에게 불리하니 권하기 힘든 궁합이다.

A는 이성적인 면이 강한 반면 G는 감성적인 면이 강하기 때문에 상반된 기질로 인해 사사건건 의견이 충돌하고 갈등을 많이 겪게 되는 만남이다. 특히 G가 남자일 경우에 부정적인 성향이 강하게 나타난다. 교제가 성숙된 다음에도 결별할 수 있으니 가능하면 교제 초기에 결별을 하는 것이 좋다.

섹스에 대한 두 사람의 취향이 달라 불만이 많고, 오르가슴에 대해서도 G가 불만스러워한다.

음양이 조화되는 A·G의 만남은 두 사람이 크게 합심하고 양보하면 의외로 큰 부귀를 얻을 수 있는 최상의 궁합이다. 하지만 그런 합심과 양보를 이루어 낼 가능성은 매우 희박하다. G의 급하고 감정적인 성격을 A가 이성적으로 보완해 주기 때문에 G는 A의 의견을 존중하고 따르면 반드시 큰 이익이 있게 된다. A가 남자일 경우 G의 여성다운 기질이 더 원활하게 표출되어 외견상으로도 서로에게 잘 어울리지만, 의견충돌로 다투는 경우는 많다. 교제가 시작되면 시종일관 A가 리드하지만 시간이 지나면 G가 답답해하며 결별을 생각할 수 있으므로 A는 항상 G에 대한 배려를 아끼지 말아야 한다. 다툼의 결과는 항상 A의 일방적인 승리로 끝나므로 상처를 입은 G의 마음을 다정하게 감싸 안아 줄 필요가 있다.

a·G는 보통이고, A·g, a·g는 서로에게 원망을 줄 수 있기 때문에 모두에게 불리하니 권하기 힘든 궁합이다.

　A의 이성적이고 자유분방한 기질과 H의 철두철미하고 보수적인 기질이 충돌하여 조화를 이루지 못하고 사사건건 극단적인 의견차이로 인해 굴곡과 갈등을 많이 겪게 되는 만남이다. 특히 A가 여자일 경우에 부정적인 성향이 강하게 나타난다. 교제가 성숙된 다음에도 결별할 수 있으니 가능하면 교제 초기에 결별을 하는 것이 좋다.

　섹스에 대해서 둔감한 H에 대해 A는 불만이 많으며, 오르가슴에 대해서는 둘 다 불만을 갖게 된다.

　드물지만 A·H 두 사람이 크게 합심하고 양보하여 어느 정도의 부귀를 얻는 경우가 있다. A의 급하고 자유분방한 기질을 H가 철두철미함으로 보완해 주기 때문에 A는 H의 의견을 존중하고 따르면 반드시 큰 이익이 있게 된다. H가 남자일 경우 A의 기질이 점진적으로 표출되어 여성스러운 면이 돋보이지만, 의견충돌로 다투는 경우는 많다. 교제가 시작되면 처음에는 A가 리드하지만 시간이 지나면 H가 주도권을 쥔다. 시간이 지남에 따라 A가 답답해하며 결별을 생각할 수 있으므로 항상 A에 대해 배려해야 한다. 다툼의 결과는 항상 H의 일방적인 승리로 끝나므로 상처를 입은 A의 마음을 다정하게 감싸 안아 줄 필요도 있다.

　A·h, a·h는 보통이고, a·H는 서로에게 원망을 줄 수 있기 때문에 모두에게 불리하니 권하기 힘든 궁합이다.

I로부터 정이 생겨 나와 자연스럽게 A에게 흐르는 다정한 만남이다. 처음부터 서로를 이해하고 급속하게 진전된다. 이성적이고 자유분방한 A가 I의 헌신적인 지원을 받아 성장과 발전을 거듭한다. A는 I를 고맙게 여기며 은혜를 갚으려 성심을 다한다. 서로에 대한 이해심이 좋아 의기투합하며, 조화의 결과는 A를 위한 방안으로 귀결되는 경우가 많다. I의 양보와 일방적인 지원은 A에게 의타심을 조장하여 자립심과 책임감의 결여를 초래할 수 있으니 과도한 지원은 이롭지 않다. 외견상으로 잘 어울리는 만남이기 때문에 남들의 부러움을 산다. 교제가 시작되면 두 사람의 호흡이 잘 맞는다. 시종일관 I가 리드하지만 교제가 계속되면 A는 벗어날 수 없는 구속감을 느끼고 I로부터 벗어나려고 할 수 있으므로 I는 템포를 조절하는 지혜를 지녀야 한다. 간간이 사소한 다툼은 있지만 I의 잔소리로 인한 것일 수 있다. 싸움도 I가 걸고, 신속한 화해도 I가 청하면서 무난하게 사랑을 이어갈 수 있다.

섹스에 대한 조화가 무난하고, 둘 다 만족스러운 오르가슴을 얻을 수 있게 된다.

음양이 조화되는 a·I의 만남이 합심하여 부귀를 얻을 수 있는 최상의 궁합이고, A·I와 a·i는 보통이며, A·i는 i의 지원이 도리어 A에게는 발전의 지장을 초래하고 i에게는 원망을 주게 되어 두 사람 모두에게 불리한 궁합이다.

처음엔 파트너로 인식하지 못했던 사람이 어느 날 연인이 될 가능성이 많은 만남이다. A와 J는 시간이 지남에 따라 점진적으로 사랑을 가꾸어 나가게 된다. 사랑의 감정은 J로부터 생겨나고, 일방적으로 A에게 향하게 된다. 그러나 타산적인 A는 J를 고맙게 여기면서도 과소평가를 하는 경향을 보이니, J 역시 A를 지원하면서 느끼는 보람이 크지는 않다. 자주 다투고 심한 경우에는 사소한 일로 결별하기도 한다. 완벽하지는 않지만 의기투합이 이루어지며, A가 요구하는 쪽으로 귀결되는 경우가 많다. 이는 A에게 의타심을 조장할 수 있다. A가 남자일 경우 연상의 커플이 될 가능성도 있다. 교제가 시작되면 두 사람의 호흡이 잘 맞는다. 시종일관 J가 리드하지만 교제가 계속되면 A가 J로부터 벗어나고 싶어 크게 다투거나 이탈할 수 있다. 자주 의견충돌로 인한 다툼이 있고, J가 화해를 청하기도 하지만 지속적인 갈등으로 발전할 수 있으므로 평소에 상대방에 대한 배려가 필요하다.

섹스에 대한 A의 탐구심에 비해 J의 열정이 약간 부족하기는 하지만, 둘 다 오르가슴에 대한 불만은 적은 편이다.

음양이 조화되는 a · J의 만남이 합심하여 부귀를 얻을 수 있는 최상의 궁합이고, A · J와 a · j는 보통이며, A · j는 j의 지원이 도리어 A의 발전에 지장을 초래하고 다툼의 원인이 되기도 하여 모두에게 불리하니 권하기 힘든 궁합이다.

A는 자유분방한 반면 K는 보수적이기 때문에 상반된 기질로 인해 사사건건 의견이 충돌하고 갈등을 많이 겪게 되는 만남이다. 특히 A가 여자일 경우에 부정적인 성향이 강하게 나타난다. 교제가 성숙된 다음에도 결별할 수 있으므로 가능하면 큰 다툼을 피하는 것이 좋다.

섹스에 대해 약간 둔감한 듯한 K에게 A는 불만스러워 하지만, 느끼는 오르가슴에 대해서는 둘 다 불만이 없다.

음양이 조화되는 A·K의 만남은 합심하여 부귀를 얻을 수 있는 최상의 궁합이다. A의 방만하고 무질서한 성격을 K가 철두철미함으로 보완해 주기 때문에 의기투합하며, K의 쓴 충고는 항상 달콤한 결과를 가져다주므로 A는 K의 의견을 존중하게 된다. K가 남자일 경우 A의 여성다운 기질이 더 원활하게 표출되어 외견상으로도 서로에게 잘 어울리며, A를 능수능란하게 리드할 수 있다. 교제가 시작되면 시종일관 K가 리드하지만 시간이 지나면 A가 답답해할 수 있으므로 K는 A에 대한 배려를 아끼지 말아야 한다. 다툼의 결과는 항상 K의 일방적인 승리로 끝나지만 A의 마음속에는 큰 갈등의 잔재가 있을 수 있으니 다정한 어루만짐이 필요하다.

A·k와 a·k는 보통이고, a·K는 K의 냉혹하고 강한 기질이 a의 여린 가슴에 골이 깊은 상처와 원망을 줄 수 있기 때문에 두 사람 모두에게 불리하니 권하기 힘든 궁합이다.

멋쟁이의 이성적이고 자유분방한 만남이다. 순리적이고 조화로운 분위기를 좋아하지만 초지일관하는 마음과 성실함은 부족하다. 그래서 감정이 변하기 쉽고 안정적인 측면 역시 부족하다. 상황에 대해 느끼는 감정이 비슷하여 양보를 방해하고 간혹 장기적인 다툼을 유발하기도 하지만 어느 정도 상대방에 대한 배려심을 갖고 있으므로 시간이 흐르면 관계가 서서히 회복된다. 교제가 시작되면 두 사람의 호흡이 잘 맞는다. 처음에는 서로를 탐색하면서 남성이 리드하지만 교제가 계속되면 주도권을 주고받게 된다. 성격이 비슷해 보이면서도 개성이 약간 다르기 때문에 관계를 진전시킬만한 계기를 쉽게 만들어 간다. 시간이 지나면 상대방에게 지루함을 느끼게 되고 다투기도 잘하지만 순발력 있게 대처하므로 무난하게 관계를 유지할 수 있다.

두 사람의 정력이 좋고, 탐구심이 많아 다양한 체위를 즐기며, 만족할만한 오르가슴을 느낀다.

음양이 조화되는 $A \cdot \ell$ 과 $a \cdot L$, 그리고 협동을 이룰 수 있는 $a \cdot \ell$ 의 만남은 진정한 동반자로서의 보완적 관계가 되어 부귀를 얻을 수 있는 좋은 궁합이다. $A \cdot L$의 경우는 시간이 지나면서 경쟁적인 관계가 부각되므로 좋은 궁합이라고 할 수 없으며 부귀의 손상도 가져올 수 있으므로 사랑하는 마음과 믿음이 많이 요구된다.

　　상반된 기질을 가졌으면서도 조화롭게 지낼 수 있는 만남이다. B는 철두철미하고 보수적인 반면 A는 이성적이고 자유분방하기 때문에 서로에 대한 이해심이 좋아 의기투합하며, 조화의 결과는 B의 의견으로 귀결되는 경우가 많다. 이럴 경우에 B는 자만심이 증가할 수 있으므로 자신의 의견과 다른 A의 의견을 진정한 충고로 받아들이는 지혜로움이 필요하다. 외견상으로 A에게 있어 B는 어울리지 않는 파트너로 보이기 쉽지만 A는 큰 이해심으로 B를 이해하고 지원하게 된다. 교제가 시작되면 두 사람의 호흡이 잘 맞는다. 처음에는 A가 리드하지만 교제가 계속되면 B가 주도권을 쥐고 리드하게 된다. 시간이 지나면서 A는 일방적으로 B에게 끌려 다닌다는 기분을 가질 수 있으므로 B는 A에 대한 배려를 아끼지 말아야 한다. 간간이 사소한 다툼은 있지만 A가 먼저 손을 내밀어 화해를 청하게 된다. 사랑이 이루어지면 끈끈한 정으로 인해 어지간해서는 결별하지 않는다.

　　섹스에 대한 B의 열정이 부족하여 탐구심이 많은 A가 불만을 가질 수 있고, 둘 다 오르가슴을 느끼는 정도는 약하다.

　　음양이 조화되는 b · A의 만남이 합심하여 부귀를 얻을 수 있는 최상의 궁합이고, B · A와 b · a는 보통이며, B · a는 a의 희생과 B의 원망이 교차되어 두 사람 모두에게 불리하니 권하기 힘든 궁합이다.

변화를 크게 반기지 않는 만남이다. 가치관과 느끼는 감정이 비슷하므로 동감하는 부분이 많고 서로를 잘 이해하지만 기질의 유사점은 양보를 방해하여 간혹 장기적인 다툼을 유발하게 되므로 주의를 해야 한다. 둘 다 인내심이 많아서 평소에는 감정표현을 자제하고 지내므로 외면상으로는 아무런 일이 없는 듯 안정되게 지내지만 내심에는 숨어있는 갈등이 많고, 한 번 상처를 받으면 오래가기 때문에 시간이 많이 흐른 뒤에도 지난 일을 끄집어내서 다투는 경우가 많다. 사이가 좋다가도 틀어지면 격하게 다투며 끝장을 보려고 하기 때문에 감정표현이 지나치게 된다. 교제가 시작되면 두 사람의 호흡이 잘 맞는다. 처음에는 서로를 탐색하면서 남성이 리드하지만 교제가 계속되면 여성이 리드하게 된다. 그러나 둘 다 내향적이라서 관계를 진전시킬만한 계기를 만들기 어렵다. 상대방에게 지루함을 느끼게 되어 매끄럽지 않은 관계가 될 수 있다.

성적으로 두 사람의 취향이 비슷하기 때문에 무난하지만, 오르가슴을 느끼는 정도는 둘 다 약하다.

음양이 조화되는 B·b, 그리고 협동을 이룰 수 있는 b·b 의 만남은 좋은 궁합이지만 B·B의 경우는 시간이 지나면서 경쟁적인 관계가 부각되고 부귀의 손상도 가져올 수 있으므로 사랑하는 마음과 믿음이 많이 요구되는 궁합이다.

　B는 보수적이고 과거지향적인 반면 C는 새로운 것을 좋아하고 미래지향적이기 때문에 상반된 기질로 인해 사사건건 의견이 충돌하고 갈등을 많이 겪게 되는 만남이다. 특히 C가 남자일 경우에 부정적인 성향이 강하게 나타난다. 교제가 성숙된 다음에도 결별할 수 있으므로 가능하면 큰 다툼을 피하는 것이 좋다.

　섹스에 대해 둔감한 B에 대해 C는 불만이 많고, 그 불만은 오르가슴에까지 연결된다.

　음양이 조화되는 B·C의 만남은 합심하면 부귀를 얻을 수 있는 좋은 궁합이다. B의 굳어있는 감성을 일깨우는데 C가 적극적으로 나서기 때문에 의기투합하며, C의 쓴 충고는 항상 좋은 결과를 가져다주므로 B는 C의 의견을 존중하게 된다. C가 남자일 경우 B의 여성다운 기질이 더 원활하게 표출되어 외견상으로도 잘 어울리며, B를 잘 리드할 수 있다. 교제가 시작되면 시종일관 C가 리드하지만 시간이 지나면 B가 답답해할 수 있음을 C는 유념해야 한다. 다툼의 결과는 항상 C의 일방적인 승리로 끝나지만 B의 마음 속에는 갈등의 잔재가 남아 있을 수 있으니 다정한 어루만짐도 필요하다.

　B·c, b·c는 보통이고, b·C는 C의 강한 기질이 b의 가슴에 골이 깊은 상처와 원망을 줄 수 있기 때문에 두 사람 모두에게 불리하니 권하기 힘든 궁합이다.

B의 보수적인 기질과 D의 미래지향적인 기질이 충돌하여 조화를 이루지 못하고 사사건건 극단적인 의견차이로 인해 굴곡과 갈등을 많이 겪게 되는 만남이다. 특히 B가 여자일 경우에 부정적인 성향이 강하게 나타난다. 교제가 성숙된 다음에도 결별할 수 있으니 가능하면 다툼을 피하고 조화를 이루기 위해 노력하는 것이 좋다.

섹스에 대해서 둔감한 B에 대해 D는 불만이 많으며, 오르가슴에 대해서도 D의 불만이 더 크다.

드물지만 B·D 두 사람이 크게 합심하고 양보하여 어느 정도의 부귀를 얻는 경우가 있다. B의 보수적이고 강한 고집을 D가 효과적으로 제어하면서 보완해 주기 때문에 B는 D의 의견을 존중하고 따르면 반드시 큰 이익이 있게 된다. D가 남자일 경우 B의 기질이 점진적으로 표출되어 여성스러운 면이 돋보이지만, 의견충돌로 다투는 경우는 많다. 교제가 시작되면 시종일관 D가 리드하지만 시간이 지나면 B가 주도권을 쥘 수도 있다. B가 주도권을 잡지 못하면 답답해하며 결별을 생각할 수 있으므로 항상 B에 대해 배려해야 한다. 다툼의 결과는 항상 D의 일방적인 승리로 끝나므로 상처를 입은 B의 마음을 다정하게 감싸 안아 줄 필요도 있다.

B·d, b·d는 보통이고, b·D는 서로에게 원망을 줄 수 있기 때문에 모두에게 불리하니 권하기 힘든 궁합이다.

큰 변화를 좋아하지 않는 만남이다. 가치관과 느끼는 감정이 비슷하므로 동감하는 부분이 많고 서로를 잘 이해하므로 쉽게 가까워진다. 그러나 기질의 유사점은 양보를 방해하여 자주 다투며 장기적인 갈등을 겪게 된다. 내심에 숨어있는 갈등과 상처가 있기 때문에 사이가 좋다가도 틀어지면 격하게 다투게 되고 끝장을 보려고 한다. 미워하는 감정표현이 지나치게 된다. 교제가 시작되면 두 사람의 호흡이 잘 맞는다. 처음에는 서로를 탐색하면서 E가 리드하지만 교제가 계속되면 주도권을 주고받는다. 둘 다 내심을 드러내지 않는 기질이 있어 관계를 진전시킬만한 계기를 만들기 쉽지 않지만 성격이 비슷해 보이면서도 개성이 약간 다르기 때문에 E가 적극적으로 나서게 된다. 시간이 지나면 상대방에게 지루함을 느끼게 되고 다투기도 잘하여 매끄럽지 않은 관계가 될 수 있다.

두 사람의 성적 취향이 비슷하여 무난하며, 오르가슴에 대해서도 별로 불만이 없다.

음양이 조화되는 B·e, b·E와 협동을 이룰 수 있는 b·e의 만남은 보완적 관계가 되어 부귀를 얻을 수 있는 좋은 궁합이다. B·E의 경우는 시간이 지나면서 경쟁적인 관계가 부각되므로 좋은 궁합이라고 할 수 없으며 부귀의 손상도 가져올 수 있으므로 사랑하는 마음과 믿음이 많이 요구된다.

F로부터 정이 생겨 나와 자연스럽게 B에게 흐르는 다정한 만남이다. 처음부터 서로를 이해하고 급속하게 진전된다. 감성적이고 정열이 넘치는 F가 헌신적으로 B의 성장과 발전을 지원한다. B는 F를 고맙게 여기며 은혜를 갚으려 성심을 다한다. 서로에 대한 이해심이 좋아 의기투합하며, 조화의 결과는 B를 위한 방안으로 귀결되는 경우가 많다. F의 양보와 일방적인 지원은 B에게 의타심을 조장하여 자립심과 책임감의 결여를 초래할 수 있으나 지나치지는 않다. 외견상으로 잘 어울리는 만남이기 때문에 남들의 부러움을 산다. 교제가 시작되면 두 사람의 호흡이 잘 맞는다. 시종일관 F가 리드하지만 교제가 계속되면 B는 벗어날 수 없는 구속감을 느끼고 F로부터 벗어나려고 할 수 있으므로 F는 템포를 조절하는 지혜를 지녀야 한다. 간간이 사소한 다툼은 있지만 F의 잔소리로 인한 것일 수 있다. 싸움도 F가 걸고, 신속한 화해도 F가 청하면서 무난하게 사랑을 이어갈 수 있다.

섹스에 대한 조화가 무난하고, 둘 다 만족스러운 오르가슴을 얻을 수 있게 된다.

b · F의 만남이 합심하여 부귀를 얻을 수 있는 최상의 궁합이고, B · F와 b · f의 만남은 보통, B · f의 만남은 f의 지원이 도리어 B에게는 발전의 지장을 초래하고 f에게는 원망을 주게 되어 두 사람 모두에게 불리하니 권하기 힘든 궁합이다.

처음엔 파트너로 인식하지 못했던 사람이 어느 날 연인이 될 가능성이 많은 만남이다. B와 G는 시간이 지남에 따라 점진적으로 사랑을 가꾸어 나가게 된다. 사랑의 감정은 G로부터 생겨나고, 일방적으로 B에게 향하게 된다. 그러나 이들의 사랑은 방해와 난관이 많아 유연하게 이루어지기가 힘들다. 사소한 오해가 결별의 원인이 되기도 하므로 각별한 사랑과 이해심이 없다면 초기에 결별하는 것이 좋다.

섹스에 대한 G의 강한 열정을 B가 잘 받아들이므로 무난하고, 둘 다 오르가슴을 잘 느낀다.

음양의 조화가 이루어지는 b·G의 만남은 난관을 극복하고 사랑을 이루어 내기도 한다. G의 지극한 정성이 기폭제이다. 그러나 b는 G의 정성을 고맙게 여기면서도 과소평가를 하는 경향을 보이고, G 역시 b를 지원하면서 느끼는 보람이 크지는 않다. 자주 다투고 심한 경우에는 사소한 일로 반목하기도 한다. 의기투합은 b가 요구하는 쪽으로 귀결되는 경우가 많아 b에게 의타심을 조장할 수 있다. G가 여자일 경우 연상의 커플이 될 가능성도 있다. 시종일관 G가 리드하지만 교제가 계속되면 b가 G로부터 벗어나고 싶어 크게 다투거나 이탈할 수 있다. 지속적인 갈등이 상존할 수 있음을 유의해야 한다.

B·G와 b·g는 보통이고, B·g는 g의 지원이 도리어 B의 발전에 지장을 초래하는 불리한 궁합이다.

지극히 보수적이고 변화를 싫어하는 만남이다. 가치관과 느끼는 감정이 비슷하므로 동감하는 부분이 많지만 서로를 이해하는 데는 인색하다. 강한 고집을 내세워 사소한 일에도 충돌하며 다툼의 양상이 극렬할 수 있으니 각별한 애정이 없다면 교제초기에 결별하는 게 좋다.

성적으로 두 사람의 취향이 비슷하기 때문에 무난하지만, 오르가슴을 느끼는 정도는 둘 다 약하다.

음양이 교차하는 B·h와 b·H의 만남은 무난한 경우가 있지만 다툼과 갈등은 항상 내포하고 있다. 교제가 시작되면 두 사람의 호흡이 잘 맞고, B나 H가 리드하지만 교제가 계속되면 주도권을 주고받는다. 그러나 둘 다 내향적이라서 쉽게 지루함을 느끼게 되어 매끄럽지 않은 관계가 될 수 있다. 평소에는 감정표현을 자제하고 지내므로 외면상으로는 아무런 일이 없는 듯 안정되게 지내지만 내심에는 숨어있는 갈등이 많고, 한 번 상처를 받으면 오래 가기 때문에 시간이 많이 흐른 뒤에도 지난 일을 끄집어내서 다투는 경우가 많다. 사이가 좋다가도 틀어지면 격하게 다투며 끝장을 보려고 하기 때문에 감정표현이 지나치게 되니 양보와 이해의 미덕이 필요하다.

b·h는 보통이고, 음양이 교차하지 않는 B·H의 만남은 시간이 지나면서 경쟁적인 관계가 부각되고 부귀의 손상도 가져올 수 있으므로 권할만한 궁합이 못된다.

B로부터 정이 생겨 나와 자연스럽게 I에게 흐르는 다정한 만남이다. 처음부터 서로를 이해하고 급속하게 진전된다. 듬직한 B가 냉철한 I를 일관되게 지원을 하여 I의 성장과 발전을 도모한다. I는 B를 고맙게 여기며 은혜를 갚으려 성심을 다한다. 서로에 대한 이해심이 좋아 의기투합하며, 조화의 결과는 I를 위한 방안으로 귀결되는 경우가 많다. B의 양보와 일방적인 지원은 I에게 의타심을 조장하여 자립심과 책임감의 결여를 초래할 수 있으니 과도한 지원은 이롭지 않다. 외견상으로 잘 어울리는 만남이기 때문에 남들의 부러움을 산다. 교제가 시작되면 두 사람의 호흡이 잘 맞는다. 시종일관 B가 리드하지만 교제가 계속되면 I는 벗어날 수 없는 구속감을 느끼고 B로부터 벗어나려고 할 수 있으므로 B는 템포를 조절하는 지혜를 지녀야 한다. 간간이 사소한 다툼은 있지만 B의 잔소리로 인한 것일 수 있다. 싸움도 B가 걸고, 신속한 화해도 B가 청하면서 무난하게 사랑을 이어갈 수 있다.

섹스에 대한 조화가 무난하고, 둘 다 오르가슴에 대한 불만이 없다.

음양이 조화되는 B·i의 만남이 합심하여 부귀를 얻을 수 있는 최상의 궁합이고, B·I와 b·i는 보통이며, b·I는 b의 지원이 도리어 I에게는 발전의 지장을 초래하고 b에게는 원망을 주게 되어 두 사람 모두에게 불리한 궁합이다.

처음엔 파트너로 인식하지 못했던 사람이 어느 날 연인이 되어 강한 연대감을 갖게 될 가능성이 많은 만남이다. B와 J는 시간이 지남에 따라 점진적으로 사랑을 가꾸어 나가게 된다. 사랑의 감정은 B로부터 생겨나고, 일방적으로 J에게로 향한다. J는 B를 더없이 고맙게 여기고, J 역시 A를 지원하면서 느끼는 보람과 행복감이 매우 크다. 간혹 다투지만 이는 지극한 사랑싸움일 경우가 많다. 완벽하게 만족스러운 의기투합이 이루어지며, 서로에게 만족스러운 쪽으로 귀결되는 경우가 많다. 간혹 J에게 의타심을 조장할 수 있다. J가 남자일 경우 연상의 커플이 될 가능성도 있다. 교제가 시작되면 두 사람의 호흡이 잘 맞는다. 시종일관 B가 리드하지만 교제가 계속되면 J가 주도권을 잡기도 한다. 서로가 필요한 파트너라는 것을 인식하고 있기 때문에 다투거나 의견충돌이 있더라도 어지간해서는 결별하지 않는다. 두 사람은 눈빛만 봐도 상대방의 심중을 헤아릴 수 있을 정도로 상대방에 대한 이해의 폭이 크다. J가 여자라면 B에 의해 우아한 자태를 뽐낼 수 있는 기회를 얻게 된다.

섹스에 대해서도 취향이 비슷해서 무난하며, 둘 다 오르가슴에 대한 불만이 없다.

B · j의 만남이 합심하여 부귀를 얻을 수 있는 최상의 궁합이고, B · J와 b · j, 그리고 b · J도 무난한 궁합이다.

보수적이고 변화를 싫어하는 만남이다. 가치관과 느끼는 감정이 비슷하므로 동감하는 부분이 많고 서로를 잘 이해하므로 쉽게 가까워진다. 그러나 기질의 유사점은 양보를 방해하여 자주 다투며 장기적인 갈등을 겪게 된다. 내심에 숨어있는 갈등과 상처가 있기 때문에 사이가 좋다가도 틀어지면 격하게 다투게 되고 간혹 끝장을 보려고 극렬한 싸움을 벌이기도 한다. 미워하는 감정표현이 지나치게 된다. 교제가 시작되면 두 사람의 호흡이 잘 맞는다. 처음에는 서로를 탐색하면서 K가 리드하지만 교제가 계속되면 주도권을 주고받는다. 둘 다 내심을 드러내지 않는 기질이 있어 관계를 진전시킬만한 계기를 만들기 쉽지 않지만 성격이 비슷해 보이면서도 개성이 약간 다르기 때문에 K가 적극적으로 나서게 된다. 시간이 지나면 상대방에게 지루함을 느끼게 되고 다투기도 잘하여 매끄럽지 않은 관계가 될 수 있다.

두 사람의 성적 취향이 비슷하여 무난하며, 오르가슴에 대해서도 별로 불만이 없다.

음양이 조화되는 B·k와 b·K, 그리고 협동을 이룰 수 있는 b·k의 만남은 보완적 관계가 되어 부귀를 얻을 수 있는 좋은 궁합이다. B·K의 경우는 시간이 지나면서 경쟁적인 관계가 부각되므로 좋은 궁합이라고 할 수 없으며 부귀의 손상도 가져올 수 있으므로 사랑하는 마음과 믿음이 많이 요구된다.

상반된 기질을 가졌으면서도 조화롭게 지낼 수 있는 만남이다. B는 철두철미하고 보수적인 반면 L은 이성적이고 자유분방하지만 서로에 대한 이해심이 좋아 의기투합하며, 조화의 결과는 L을 위한 것으로 귀결되는 경우가 많다. 이럴 경우에 L은 자만심이 증가할 수 있으므로 자신의 의견과 다른 B의 의견을 진정한 충고로 받아들이는 지혜로움이 필요하다. 남들이 부러워하는 만남이며 B는 큰 이해심으로 L을 이해하고 지원하게 된다. 교제가 시작되면 두 사람은 호흡을 조절하면서 천천히 관계를 진전시키다가 밀도있게 사랑을 만들어 간다. 처음에는 B가 리드하지만 교제가 계속되면 L이 주도권을 쥐고 리드하게 된다. 시간이 지나면서 B는 일방적으로 L에게 희생을 당한다는 기분을 가질 수 있으므로 L은 B에 대한 배려를 아끼지 말아야 한다. 간간이 사소한 다툼은 있지만 B가 먼저 손을 내밀어 화해를 청하게 된다. 사랑이 이루어지면 끈끈한 정으로 인해 어지간해서는 결별하지 않는다.

섹스에 대해서는 둘 다 열정이 부족한 편이나 탐구심은 많고, 오르가슴을 느끼는 정도는 약하지만 불만스럽지는 않다.

B·ℓ의 만남이 합심하여 부귀를 얻을 수 있는 최상의 궁합이고, B·L와 b·ℓ은 보통이며, b·L은 다툼이 상존하고 b의 희생과 원망이 교차되어 두 사람 모두에게 불리하니 권하기 힘든 궁합이다.

A로부터 정이 생겨 나와 자연스럽게 C에게 흐르는 다정한 만남이다. 이성적이고 자유분방한 A가 C의 성장과 발전을 위해 헌신적으로 지원한다. 착하고 마음이 따뜻한 C는 A를 고맙게 여기며 은혜를 갚으려 성심을 다한다. 서로에 대한 이해심이 좋아 의기투합하며, 조화의 결과는 C를 위한 방안으로 귀결되는 경우가 많다. A의 양보와 일방적인 지원은 C에게 의타심을 조장하여 자립심과 책임감의 결여를 초래할 수 있으니 과도한 지원은 이롭지 않다. 외견상으로 잘 어울리는 만남이기 때문에 남들의 부러움을 산다. 교제가 시작되면 두 사람의 호흡이 잘 맞는다. 시종일관 A가 리드하지만 교제가 계속되면 C가 구속감을 느끼고 A로부터 벗어나려고 할 수 있으므로 A는 템포를 조절하는 지혜를 지녀야 한다. 간간이 사소한 다툼은 있지만 A의 잔소리로 인한 것일 수 있다. 싸움도 A가 걸고, 화해도 A가 청하면서 무난하게 사랑을 이어갈 수 있다.

섹스에 대한 A의 탐구심과 C의 열정이 조화를 이루어 무난하고, 둘 다 만족스러운 오르가슴을 얻을 수 있게 된다.

음양이 조화되는 c · A의 만남이 합심하여 부귀를 얻을 수 있는 최상의 궁합이고, C · A와 c · a는 보통이며, C · a는 a의 지원이 도리어 C의 발전에 지장을 초래하고 a는 원망을 갖게 되어 두 사람 모두에게 불리하니 권하기 힘든 궁합이다.

　C는 새로운 것을 좋아하고 미래지향적인 반면 B는 보수적이고 과거지향적이기 때문에 상반된 기질로 인해 사사건건 의견이 충돌하고 갈등을 많이 겪게 되는 만남이다. 특히 C가 남자일 경우에 부정적인 성향이 강하게 나타난다. 교제가 성숙된 다음에도 결별할 수 있으므로 가능하면 큰 다툼을 피하는 것이 좋다.

　섹스에 대해 둔감한 B에 대해 C는 불만이 많고, 그 불만은 오르가슴에까지 연결된다.

　음양이 조화되는 C・B의 만남은 합심하면 부귀를 얻을 수 있는 좋은 궁합이다. B의 굳어있는 감성을 일깨우는데 C가 적극적으로 나서기 때문에 의기투합하며, C의 쓴 충고는 항상 좋은 결과를 가져다주므로 B는 C의 의견을 존중하게 된다. C가 남자일 경우 B의 여성다운 기질이 더 원활하게 표출되어 외견상으로도 잘 어울리며, B를 잘 리드할 수 있다. 교제가 시작되면 시종일관 C가 리드하지만 시간이 지나면 B가 답답해할 수 있음을 C는 유념해야 한다. 다툼의 결과는 항상 C의 일방적인 승리로 끝나지만 B의 마음 속에는 갈등의 잔재가 남아 있을 수 있으니 다정한 어루만짐도 필요하다.

　c・B, c・b는 보통이고, C・b는 C의 강한 기질이 b의 가슴에 골이 깊은 상처와 원망을 줄 수 있기 때문에 두 사람 모두에게 불리하니 권하기 힘든 궁합이다.

착하고 순수하며 미래지향적인 만남이다. 가치관과 느끼는 감정이 비슷하므로 동감하는 부분이 많고 서로를 잘 이해하지만 기질의 유사점은 양보를 방해하여 간혹 장기적인 다툼을 유발하게 되므로 주의를 해야 한다. 둘 다 긍정적인 심리를 갖고 있어 평소에는 감정표현을 자제하고 지내므로 외면상으로는 아무런 일이 없는 듯 안정되게 지내지만 다툴 때에는 상대방을 굴복시키려 하므로 심한 상처를 얻기 쉽고, 한 번 상처를 받으면 오래가기 때문에 시간이 많이 흐른 뒤에도 지난 일을 끄집어내서 다투는 경우가 있다. 사이가 좋다가도 틀어지면 격하게 다투며 감정표현이 지나치게 된다. 교제가 시작되면 두 사람의 호흡이 잘 맞는다. 처음에는 서로를 탐색하면서 남성이 리드하지만 교제가 계속되면 주도권을 주고받게 된다. 둘 다 외향적인 면이 강해서 관계를 진전시킬만한 계기를 만들기 쉽다. 항상 상대방이 지루하게 느끼지 않도록 하기 위해 새로운 모습을 보여주려고 노력한다.

성적으로 두 사람의 취향이 비슷하기 때문에 무난하고, 둘 다 오르가슴을 잘 느낀다.

음양이 조화되는 C·c, 그리고 협동을 이룰 수 있는 c·c 의 만남은 좋은 궁합이지만 C·C의 경우는 시간이 지나면서 경쟁적인 관계가 부각되고 부귀의 손상도 가져올 수 있으므로 사랑하는 마음과 믿음이 많이 요구되는 궁합이다.

미래지향적이며 밝은 성품을 지닌 사람들의 만남이다. 분위기에 순응하는 조화를 좋아하고 초지일관하려는 마음과 성실함은 충만하다. 그래서 감정이 한결같고 안정적인 관계를 유한다. 상황에 대해 느끼는 감정이 비슷하여 양보를 방해하고 간혹 장기적인 다툼을 유발하기도 하지만 상대방에 대한 배려심을 갖고 있으므로 후유증이 오래가지는 않는다. 교제가 시작되면 밀고 당기는 두 사람의 호흡이 잘 맞는다. 처음에는 서로를 탐색하면서 남성이 리드하지만 교제가 계속되면 주도권을 주고받게 된다. D가 C의 리드를 따를 수 있지만 마침내는 D가 주도하는 형태가 되기 쉽다. 성격이 비슷해 보이면서도 개성이 약간 다르기 때문에 관계를 진전시킬만한 계기를 쉽게 만들어 간다. 권태로 인해 간혹 다투기도 하지만 항상 새로운 감각으로 순발력있게 대처하여 무난하다.

두 사람의 성적인 조화가 좋아 항상 다양한 체위를 즐기며, 둘 다 만족할만한 오르가슴을 느낀다.

음양이 조화되는 C·d, c·D와 협동을 이룰 수 있는 c·d의 만남은 진정한 동반자로서의 보완적 관계가 되어 부귀를 얻을 수 있는 좋은 궁합이다. C·D의 경우는 시간이 지나면서 경쟁적인 관계가 부각되므로 좋은 궁합이라고 할 수 없으며 부귀의 손상도 가져올 수 있으므로 사랑하는 마음과 믿음이 많이 요구된다.

상반된 기질을 가졌으면서도 조화롭게 지낼 수 있는 만남이다. C는 미래지향적이고 부드러운 반면 E는 철두철미하고 보수적이지만 서로에 대한 이해심이 좋아 의기투합하며, 조화의 결과는 C의 의견으로 귀결되는 경우가 많다. 이럴 경우에 C는 자만심이 증가할 수 있으므로 자신의 의견과 다른 E의 의견을 진정한 충고로 받아들이는 지혜로움이 필요하다. C가 남자일 경우 외견상으로도 서로에게 잘 어울리며, C에 대한 이해심도 훨씬 더 크고 성심으로 지원하게 된다. 교제가 시작되면 두 사람의 호흡이 잘 맞는다. 시종일관 C가 리드하게 되지만 교제가 계속되면서 E는 C에게 주도권을 너무 많이 빼앗기고 끌려 다닌다는 기분을 가질 수 있으므로 C는 E에 대한 배려를 아끼지 말아야 한다. 간간이 사소한 다툼은 있지만 서로가 화해를 청하는데 익숙하므로 갈등이 오래가지는 않는다. 사랑이 이루어지면 끈끈한 정으로 인해 어지간해서는 결별하지 않는다.

섹스에 대해서도 C가 주도하고 E는 잘 따르므로 안정감이 있어 무난하고, 둘 다 느끼는 오르가슴에 만족한다.

음양이 조화되는 c・E의 만남이 합심하여 부귀를 얻을 수 있는 최상의 궁합이고, C・E와 c・e는 보통이며, C・e는 e의 희생과 C의 원망이 교차되어 두 사람 모두에게 불리하니 권하기 힘든 궁합이다.

처음엔 파트너로 인식하지 못했던 사람이 어느 날 연인이 될 가능성이 많은 만남이다. C와 F는 시간이 지남에 따라 점진적으로 사랑을 가꾸어 나가게 된다. 사랑의 감정은 C로부터 생겨나고, 일방적으로 F에게 향하게 된다. 그러나 이들의 사랑은 방해와 난관이 많아 유연하게 이루어지기가 힘들다. 사소한 오해가 결별의 원인이 되기도 하므로 각별한 사랑과 이해심이 없다면 초기에 결별하는 것이 좋다.

섹스에 대한 F의 강한 열정을 C가 잘 받아들여 무난히 소화하며, 둘 다 오르가슴을 잘 느낀다.

음양의 조화가 이루어지는 C·f의 만남은 난관을 극복하고 사랑을 이루어 내기도 한다. C의 지극한 정성이 기폭제이다. 그러나 f는 C의 정성을 고맙게 여기면서도 과소평가를 하는 경향을 보이고, C 역시 f를 지원하면서 느끼는 보람이 크지는 않다. 자주 다투고 심한 경우에는 사소한 일로 결별하기도 한다. 의기투합은 f가 요구하는 쪽으로 귀결되는 경우가 많아 f에게 의타심을 조장할 수 있다. f가 남자일 경우 연상의 커플이 될 가능성도 있다. 시종일관 C가 리드하지만 교제가 계속되면 f가 C로부터 벗어나고 싶어 크게 다투거나 이탈할 수 있다. 지속적인 갈등이 상존할 수 있음을 유의해야 한다.

C·F와 c·f는 보통이고, c·F는 c의 지원이 도리어 F의 발전에 지장을 초래하는 불리한 궁합이다.

  처음 만나는 순간부터 강한 느낌이 두 사람을 감싸안고 관계가 급진적으로 발전하여 짧은 시간 안에 강한 연대감을 갖게 될 가능성이 많은 만남이다. 사랑의 감정은 C로부터 생겨나고, 일방적으로 G에게로 향한다. G는 C를 더없이 고맙게 여기고, C 역시 G를 지원하면서 느끼는 보람과 행복감이 매우 크다. 간혹 다투지만 이는 지극한 사랑싸움일 경우가 많다. 완벽하게 만족스러운 의기투합이 이루어지며, 그 결과는 대개 G에게 만족스러운 쪽으로 귀결되는 경우가 많다. 간혹 G에게 의타심을 조장할 수 있다. C가 남자일 경우 파트너에 대한 사랑이 집착으로 발전함으로써 아픔을 얻을 수 있으니 템포를 조절하는 지혜가 필요하다. 교제가 시작되면 두 사람의 호흡이 잘 맞는다. 시종일관 G가 리드하고 서로가 필요한 파트너라는 것을 인식하고 있기 때문에 다투거나 의견충돌이 있더라도 어지간해서는 결별하지 않는다. 두 사람은 눈빛만 봐도 상대방의 심중을 헤아릴 수 있을 정도로 상대방에 대한 이해의 폭이 크다.

  섹스에 대해서도 의기투합하여 두 사람 모두 다양하고 적극적인 성향을 보이고, 둘 다 강한 오르가슴을 느끼게 된다.

  C · G와 C · g의 만남이 합심하여 부귀를 얻을 수 있는 최상의 궁합이고, c · g는 보통이며, c · G는 c의 지원이 도리어 G의 발전의 지장을 초래하고 c에게는 원망을 주게 된다.

　C는 새로운 것을 좋아하고 미래지향적인 반면 H는 보수적이고 과거지향적이기 때문에 상반된 기질로 인해 사사건건 의견이 충돌하고 갈등을 많이 겪게 되는 만남이다. 특히 C가 남자일 경우에 부정적인 성향이 강하게 나타난다. 교제가 성숙된 다음에도 결별할 수 있으므로 가능하면 큰 다툼을 피하는 것이 좋다.

　섹스에 대해 둔감한 H에 대해 C는 불만이 많고, 그 불만은 오르가슴에까지 연결된다.

　음양이 조화되는 C · H의 만남은 합심하면 부귀를 얻을 수 있는 좋은 궁합이다. H의 굳어있는 감성을 일깨우는데 C가 적극적으로 나서기 때문에 의기투합하며, C의 쓴 충고는 항상 좋은 결과를 가져다주므로 H는 C의 의견을 존중하게 된다. C가 남자일 경우 H의 여성다운 기질이 더 원활하게 표출되어 외견상으로도 잘 어울리며, H를 잘 리드할 수 있다. 교제가 시작되면 시종일관 C가 리드하지만 시간이 지나면 H가 답답해할 수 있음을 C는 유념해야 한다. 다툼의 결과는 항상 C의 일방적인 승리로 끝나지만 H의 마음속에는 갈등의 잔재가 남아 있을 수 있으니 다정한 어루만짐도 필요하다.

　c · H, c · h는 보통이고, C · h는 C의 강한 기질이 h의 가슴에 골이 깊은 상처와 원망을 줄 수 있기 때문에 두 사람 모두에게 불리하니 권하기 힘든 궁합이다.

C는 부드럽고 유연하지만 I는 냉철하다. 상반된 기질이므로 조화가 될 수도 있으련만 서로의 성격 중 강한 부분들로 인해 사사건건 의견이 충돌하고 갈등을 많이 겪게 되는 만남이다. 특히 I가 남자일 경우에 부정적인 성향이 강하게 나타난다. 교제가 성숙된 다음에도 결별할 수 있으니 가능하면 교제 초기에 결별을 하는 것이 좋다.

섹스에 대한 두 사람의 취향이 달라 불만이며, 오르가슴에 대해서 C의 불만이 많다.

음양이 조화되는 C · I의 만남은 두 사람이 크게 합심하고 양보하면 의외로 큰 부귀를 얻을 수 있는 최상의 궁합이다. 하지만 그런 양보를 이루어 낼 가능성은 매우 희박하다. I의 차가운 성격을 C가 부드럽게 감싸주고, C의 경쟁자나 난제(難題)는 I가 해결책을 마련하기 때문에 상호보완적인 역할을 한다. 그러므로 상대의 의견을 존중하고 따르면 반드시 큰 이익이 있다. I가 남자일 경우 C의 여성다운 기질이 더 원활하게 표출되어 멋진 커플로 보이지만, 의견충돌로 인해 극렬하게 다투는 경우가 많다. 교제는 시종일관 I가 리드하고, 다툼의 결과도 항상 I의 일방적인 승리로 끝나므로 시간이 지나면 C가 답답해하며 결별을 생각할 수 있으니 주의해야 한다.

C · i와 c · i는 보통이고, c · I는 서로에게 원망을 줄 수 있기 때문에 모두에게 불리하니 권하기 힘든 궁합이다.

C의 성격 중 부드러운 기질과 J의 날카로운 기질이 충돌하여 조화를 이루지 못하고 사사건건 극단적인 의견차이로 인해 굴곡과 갈등을 많이 겪게 되는 만남이다. 특히 C가 여자일 경우에 부정적인 성향이 강하게 나타난다. 교제가 성숙된 다음에도 결별할 수 있으니 가능하면 교제 초기에 결별을 하는 것이 좋다.

섹스에 대해서 둔감한 J에 대해 C는 불만이 많으며, 오르가슴에 대해서는 둘 다 불만을 갖게 된다.

드물지만 C · J 두 사람이 크게 합심하고 양보하여 어느 정도의 부귀를 얻는 경우가 있다. C의 우직스러울 만큼 순수한 기질 때문에 생긴 문제를 J가 나서서 냉철하고 과감하게 해결해 주기 때문에 C는 J의 의견을 존중하고 따르면 반드시 큰 이익이 있게 된다. J가 남자일 경우 C는 점진적으로 여성스러운 면을 돋보이므로 잘 어울릴 것 같은 만남으로 보이지만 내면에는 다정함보다는 갈등이 많아 살벌하게 다투는 경우가 많다. 교제가 시작되면 시종일관 J가 리드하고, 다툼의 결과도 항상 J의 일방적인 승리로 끝나므로 상처를 입은 C의 마음을 다정하게 감싸 안아 줄 필요도 있다. 시간이 지남에 따라 C가 답답해하며 결별을 생각할 수 있다.

C · j와 c · j는 보통이고, c · J는 서로에게 원망을 줄 수 있기 때문에 모두에게 불리하니 권하기 힘든 궁합이다.

상반된 기질을 가졌으면서도 조화롭게 지낼 수 있는 만남이다. C는 무조건 곧게 나아가려고 하는 반면 K는 철두철미하므로 서로의 장점을 수용하여 의기투합하며, 조화의 결과는 둘 다 만족스러운 쪽으로 귀결되는 경우가 많다. 이럴 경우에 K는 자만심과 의타심을 가질 수 있으므로 C는 확실한 자신의 의견을 제시해줄 필요가 있다. 어울릴 것 같지 않아 보이는 만남이지만 C는 큰 이해심으로 K을 이해하고 지원하게 된다. 교제가 시작되면 두 사람은 호흡을 조절하면서 천천히 관계를 진전시키다가 밀도있게 사랑을 만들어 간다. 처음에는 C가 리드하지만 교제가 계속되면 K가 주도권을 쥐고 리드하게 된다. 시간이 지나면서 C는 일방적으로 K에게 희생을 당한다는 기분을 가질 수 있으므로 K는 C에 대한 배려를 아끼지 말아야 한다. 간간이 사소한 다툼은 있지만 C가 먼저 손을 내밀어 화해를 청하게 된다. 사랑이 이루어지면 끈끈한 정으로 인해 어지간해서는 결별하지 않는다.

섹스에 대해서는 둘 다 열정이 있어 무난하고, 오르가슴도 만족스럽게 느낀다.

C·K의 만남이 합심하여 부귀를 얻을 수 있는 최상의 궁합이고, C·k와 c·k는 보통이며, c·K는 다툼이 상존하고 c의 희생과 원망이 교차되어 두 사람 모두에게 불리하니 권하기 힘든 궁합이다.

 알기쉽고 신비한 신세대 궁합코드

C의 미래지향적이며 밝은 성품을 L이 조용하면서도 차분하게 지원을 하는 만남이다. 둘 다 순응하는 조화를 좋아하지만 L의 변덕으로 인해서 간혹 파란이 생겨 불안정할 때가 있다. L로부터 정이 생겨 자연스럽게 C에게 흐르므로 처음부터 서로를 이해하고 급속하게 진전된다. L이 헌신적으로 C의 성장과 발전을 지원하므로 C는 L을 고맙게 여기면서도 약간의 불만이 있고, L역시 헌신의 결과가 상큼하지 않음을 느끼게 된다. 의기투합의 결과는 C를 위한 방안으로 귀결되는 경우가 많다. L의 양보와 일방적인 지원은 C에게 의타심을 조장하여 자립심과 책임감의 결여를 초래할 수 있다. C가 남자일 경우 연상의 커플이 될 가능성이 있다. 교제가 시작되면 두 사람의 호흡이 잘 맞는다. 시종일관 C가 리드하지만 교제가 계속되면 L은 벗어날 수 없는 구속감을 느끼고 C로부터 벗어나려고 할 수 있으므로 C는 템포를 조절하는 지혜를 지녀야 한다. 간간이 일어나는 사소한 다툼이 결별로 이어질 수 있으니 주의해야 한다.

섹스에 대한 조화가 무난하고, 둘 다 만족스러운 오르가슴을 얻을 수 있게 된다.

c·L의 만남이 합심하여 부귀를 얻을 수 있는 최상의 궁합이고, C·L과 c·ℓ은 보통, C·ℓ의 만남은 ℓ의 지원이 도리어 C에게는 지장을 초래하고 ℓ에게는 원망을 주는 궁합이다.

친구로 지내다가 연인이 될 가능성이 많은 만남이다. D와 A는 상대방을 자신의 파트너로 생각하지 않고 있다가 시간이 지남에 따라 정을 느끼고 사랑을 이루어 나가게 된다. 사랑의 감정은 A로부터 생겨나고, D를 지원하고자 한다. 착하고 순수한 D는 A를 고맙게 여기면서도 과소평가를 하는 경향을 보이며, A 역시 D를 지원하면서 느끼는 보람이 크지는 않다. 매끄럽지는 않지만 서로에 대해 이해하려고 노력하여 의기투합하며, D의 의견으로 귀결되는 경우가 많아 D에게 의타심을 조장할 수 있기 때문에 과도한 지원은 이롭지 않다. D가 남자일 경우 연상의 커플이 될 가능성도 있다. 교제가 시작되면 두 사람의 호흡이 잘 맞는다. 시종일관 A가 리드하지만 교제가 계속되면 D가 A로부터 벗어나고 싶어 크게 다투거나 이탈할 수 있다. 자주 의견충돌로 인한 다툼이 있고, A가 화해를 청하기도 하지만 지속적인 갈등으로 발전할 수 있으므로 평소에 상대방에 대한 배려가 필요하다.

섹스에 대한 A의 탐구심에 비해 D의 열정이 약간 부족하기 때문에 A가 오르가슴에 약간의 불만을 가질 수 있다.

음양이 조화되는 d · A의 만남이 합심하여 부귀를 얻을 수 있는 최상의 궁합이고, D · A와 d · a는 보통이며, D · a는 a의 지원이 도리어 D의 발전에 지장을 초래하고 다툼의 원인이 되어 두 사람 모두에게 불리하니 권하기 힘든 궁합이다.

D의 미래지향적인 기질과 B의 보수적인 기질이 충돌하여 조화를 이루지 못하고 사사건건 극단적인 의견차이로 인해 굴곡과 갈등을 많이 겪게 되는 만남이다. 특히 B가 여자일 경우에 부정적인 성향이 강하게 나타난다. 교제가 성숙된 다음에도 결별할 수 있으니 가능하면 다툼을 피하고 조화를 이루기 위해 노력하는 것이 좋다.

섹스에 대해서 둔감한 B에 대해 D는 불만이 많으며, 오르가슴에 대해서도 D의 불만이 더 크다.

드물지만 D·B 두 사람이 크게 합심하고 양보하여 어느 정도의 부귀를 얻는 경우가 있다. B의 보수적이고 강한 고집을 D가 효과적으로 제어하면서 보완해 주기 때문에 B는 D의 의견을 존중하고 따르면 반드시 큰 이익이 있게 된다. D가 남자일 경우 B의 기질이 점진적으로 표출되어 여성스러운 면이 돋보이지만, 의견충돌로 다투는 경우는 많다. 교제가 시작되면 시종일관 D가 리드하지만 시간이 지나면 B가 주도권을 쥘 수도 있다. B가 주도권을 잡지 못하면 답답해하며 결별을 생각할 수 있으므로 항상 B에 대해 배려해야 한다. 다툼의 결과는 항상 D의 일방적인 승리로 끝나므로 상처를 입은 B의 마음을 다정하게 감싸 안아 줄 필요도 있다.

d·B, d·b는 보통이고, D·b는 서로에게 원망을 줄 수 있기 때문에 모두에게 불리하니 권하기 힘든 궁합이다.

미래지향적이며 밝은 성품을 지닌 사람들의 만남이다. 분위기에 순응하는 조화를 좋아하고 초지일관하려는 마음과 성실함은 충만하다. 그래서 감정이 한결같고 안정적인 관계를 유한다. 상황에 대해 느끼는 감정이 비슷하여 양보를 방해하고 간혹 장기적인 다툼을 유발하기도 하지만 상대방에 대한 배려심을 갖고 있으므로 후유증이 오래가지는 않는다. 교제가 시작되면 밀고 당기는 두 사람의 호흡이 잘 맞는다. 처음에는 서로를 탐색하면서 남성이 리드하지만 교제가 계속되면 주도권을 주고받게 된다. D가 C의 리드를 따를 수 있지만 마침내는 D가 주도하는 형태가 되기 쉽다. 성격이 비슷해 보이면서도 개성이 약간 다르기 때문에 관계를 진전시킬만한 계기를 쉽게 만들어 간다. 권태로 인해 간혹 다투기도 하지만 항상 새로운 감각으로 순발력있게 대처하여 무난하다.

두 사람의 성적인 조화가 좋아 항상 다양한 체위를 즐기며, 둘 다 만족할만한 오르가슴을 느낀다.

음양이 조화되는 d·C, D·c와 협동을 이룰 수 있는 d·c의 만남은 진정한 동반자로서의 보완적 관계가 되어 부귀를 얻을 수 있는 좋은 궁합이다. D·C의 경우는 시간이 지나면서 경쟁적인 관계가 부각되므로 좋은 궁합이라고 할 수 없으며 부귀의 손상도 가져올 수 있으므로 사랑하는 마음과 믿음이 많이 요구된다.

착하고 순수하며 미래지향적인 사람들의 만남이다. 가치관과 느끼는 감정이 비슷하므로 동감하는 부분이 많고 서로를 잘 이해하지만 기질의 유사점은 양보를 방해하여 간혹 장기적인 다툼을 유발하게 되므로 주의를 해야 한다. 둘 다 긍정적인 심리를 갖고 있으므로 평소에는 감정표현을 자제하고 지내므로 외면상으로는 아무런 일이 없는 듯 안정되게 지내지만 다툴 때에는 상대방을 굴복시키려 하므로 심한 상처를 얻기 쉽고, 한 번 상처를 받으면 오래가기 때문에 시간이 많이 흐른 뒤에도 지난 일을 끄집어내서 다투는 경우가 있다. 사이가 좋다가도 틀어지면 격하게 다투며 감정표현이 지나치게 된다. 교제가 시작되면 두 사람의 호흡이 잘 맞는다. 처음에는 서로를 탐색하면서 남성이 리드하지만 교제가 계속되면 주도권을 주고받게 된다. 둘 다 외향적인 면이 약해서 관계를 진전시킬만한 계기를 만들기가 쉽지 않지만, 항상 상대방이 지루하게 느끼지 않도록 하기 위해 새로운 모습을 보여주려고 노력한다.

성적으로 두 사람의 취향이 비슷하기 때문에 무난하고, 둘 다 오르가슴을 잘 느낀다.

음양이 조화되는 D·d, 그리고 협동을 이룰 수 있는 d·d 의 만남은 좋은 궁합이지만 D·D의 경우는 시간이 지나면서 경쟁적인 관계가 부각되고 부귀의 손상도 가져올 수 있으므로 사랑하는 마음과 믿음이 많이 요구되는 궁합이다.

　　상반된 기질을 가졌으면서도 조화롭게 지낼 수 있는 만남이다. D는 미래지향적이고 부드러운 반면 E는 철두철미하고 보수적이지만 서로에 대한 이해심이 좋아 의기투합하며, 조화의 결과는 D의 의견으로 귀결되는 경우가 많다. 그러나 두 사람의 만남을 방해하는 요소가 간혹 도출되어 결별을 생각하기도 한다. D에게 자만심이 증가할 수 있으므로 자신의 의견과 다른 E의 의견을 진정한 충고로 받아들이는 지혜로움이 필요하다. D가 남자일 경우 외견상으로도 서로에게 잘 어울리며, D에 대한 E의 이해심도 훨씬 더 커진다. 교제가 시작되면 두 사람은 호흡을 맞춰가며 시종일관 D가 리드하게 된다. 교제가 계속되면서 E는 D에게 끌려 다닌다는 기분을 가질 수 있으므로 E에 대한 배려가 필요하다. 간간이 사소한 다툼은 있지만 서로가 화해를 청하는데 익숙하므로 갈등이 오래가지는 않는다. 사랑이 이루어지면 끈끈한 정으로 인해 어지간해서는 결별하지 않는다.

　　섹스에 대해서도 D가 주도하고 E는 잘 따르므로 안정감이 있어 무난하고, 둘 다 느끼는 오르가슴에 만족한다.

　　음양이 조화되는 d·E의 만남이 합심하여 부귀를 얻을 수 있는 최상의 궁합이고, D·E와 d·e는 보통이며, D·e는 e의 희생과 D의 원망이 교차되어 두 사람 모두에게 불리하니 권하기 힘든 궁합이다.

　D로부터 정이 생겨 나와 자연스럽게 F에게 흐르는 다정한 만남이다. 처음부터 서로를 이해하고 급속하게 진전된다. 부드러운 D가 따뜻한 F를 일관되게 지원을 하여 F의 성장과 발전을 도모한다. F는 D를 고맙게 여기며 은혜를 갚으려 성심을 다한다. 서로에 대한 이해심이 좋아 의기투합하며, 조화의 결과는 F를 위한 방안으로 귀결되는 경우가 많다. D의 양보와 일방적인 지원은 F에게 의타심을 조장하여 자립심과 책임감의 결여를 초래할 수 있으니 과도한 지원은 이롭지 않다. 외견상으로 잘 어울리는 만남이기 때문에 남들의 부러움을 산다. 교제가 시작되면 두 사람의 호흡이 잘 맞는다. 시종일관 D가 리드하지만 교제가 계속되면 F는 벗어날 수 없는 구속감을 느끼고 D로부터 벗어나려고 할 수 있으므로 D는 템포를 조절하는 지혜를 지녀야 한다. 간간이 사소한 다툼은 있지만 D의 잔소리로 인한 것일 수 있다. 싸움도 D가 걸고, 신속한 화해도 D가 청하면서 무난하게 사랑을 이어갈 수 있다.

　섹스에 대해서 둘 다 자유로운 감각을 선호하므로 조화가 무난하고, 오르가슴에 대해서 만족한다.

　음양이 조화되는 D · f의 만남이 합심하여 부귀를 얻을 수 있는 최상의 궁합이고, D · F와 d · f는 보통이며, d · F는 d의 지원이 도리어 F에게 지장을 초래하고 d에게는 원망을 주게 되어 두 사람 모두에게 불리하니 권하기 힘든 궁합이다.

처음엔 파트너로 인식하지 못했던 사람이 어느 날 연인이 될 가능성이 많은 만남이다. D와 G는 시간이 지남에 따라 점진적으로 사랑을 가꾸어 나가게 된다. 사랑의 감정은 D로부터 생겨나고, 일방적으로 G에게 향하게 된다. 그러나 이들의 사랑은 방해와 난관이 많아 유연하게 이루어지기가 힘들다.

부드러운 D가 따뜻한 G를 일관되게 지원을 하여 F의 성장과 발전을 도모하지만, G는 D를 고맙게 여기면서도 불만스러워 하고 D 역시 느끼는 보람이 작아서 매끄럽지 않다. 의기투합의 결과는 G를 위한 방안으로 귀결되는 경우가 많다.

교제가 시작되면 두 사람의 호흡이 잘 맞는다. 시종일관 D가 리드하지만 교제가 계속되면 G는 벗어날 수 없는 구속감을 느끼고 D로부터 벗어나려고 할 수 있으므로 D는 템포를 조절하는 지혜를 지녀야 한다. D가 여자일 경우 연상의 커플이 될 수 있다. 간간이 사소한 다툼은 있지만 D의 잔소리로 인한 것일 수 있다. 싸움이 벌어지면 결별을 쉽게 여길 수 있으므로 주의가 필요하다.

섹스에 대해서 둘 다 자유로운 감각을 선호하므로 조화가 무난하고, 오르가슴에 대해서 만족한다.

음양이 조화되는 D · g의 만남이 합심하여 부귀를 얻을 수 있는 최상의 궁합이고, D · G, d · g는 보통이며, d · G는 d의 희생이 수반되어 모두에게 불리하니 권하기 힘든 궁합이다.

상반된 기질을 가졌으면서도 조화롭게 지낼 수 있는 만남이다. D는 미래지향적이고 부드러운 반면 H는 철두철미하고 보수적이지만 서로에 대한 이해심이 좋아 의기투합하며, 조화의 결과는 D의 의견으로 귀결되는 경우가 많다. 이럴 경우에 D는 자만심이 증가할 수 있으므로 자신의 의견과 다른 E의 의견을 진정한 충고로 받아들이는 지혜로움이 필요하다. D가 남자일 경우 외견상으로도 서로에게 잘 어울리며, D에 대한 이해심도 훨씬 더 크고 성심으로 지원하게 된다. 교제가 시작되면 두 사람의 호흡이 잘 맞는다. 시종일관 D가 리드하게 되지만 교제가 계속되면서 H는 D에게 주도권을 너무 많이 빼앗기고 끌려 다닌다는 기분을 가질 수 있으므로 D는 H에 대한 배려를 아끼지 말아야 한다. 간간이 사소한 다툼은 있지만 서로가 화해를 청하는데 익숙하므로 갈등이 오래가지는 않는다. 사랑이 이루어지면 끈끈한 정으로 인해 어지간해서는 결별하지 않는다.

섹스에 대해서도 D가 주도하고 H는 잘 따르므로 안정감이 있어 무난하고, 둘 다 느끼는 오르가슴에 만족한다.

음양이 조화되는 d · H의 만남이 합심하여 부귀를 얻을 수 있는 최상의 궁합이고, D · H와 d · h는 보통이며, D · h는 h의 희생과 D의 원망이 교차되어 두 사람 모두에게 불리하니 권하기 힘든 궁합이다.

　부드럽고 유연한 D의 기질과 냉철하고 단호한 I의 기질이 충돌하여 조화를 이루지 못하고 사사건건 극단적인 의견차이로 인해 굴곡과 갈등을 많이 겪게 되는 만남이다. 특히 D가 여자일 경우에 부정적인 성향이 강하게 나타난다. 교제가 성숙된 다음에도 결별할 수 있으니 가능하면 교제 초기에 결별을 하는 것이 좋다.

　섹스에 대해서 둔감한 I에 대해 D는 불만이 많으며, 오르가슴에 대해서도 D는 불만을 갖게 된다.

　드물지만 D · I 두 사람이 크게 합심하고 양보하여 어느 정도의 부귀를 얻는 경우가 있다. 결단을 내리지 못하는 D의 문제를 I가 명쾌하게 해결해 주기 때문에 D는 I의 의견을 존중하고 따르면 반드시 큰 이익이 있게 되지만 그 과정에서 D는 마음의 상처를 입게 될 수 있다. I가 남자일 경우 D의 여성스러운 면이 돋보이지만, 의견충돌로 다투는 경우는 많다. 교제가 시작되면 시종일관 I가 리드하고, 시간이 지남에 따라 D가 답답해하며 결별을 생각할 수 있으므로 항상 D에 대해 배려해야 한다. 다툼의 결과는 항상 I의 일방적인 승리로 끝나므로 상처를 입은 D의 마음을 다정하게 감싸안아 줄 필요도 있다.

　D · i와 d · i는 보통이고, d · I는 서로에게 원망을 줄 수 있기 때문에 모두에게 불리하니 권하기 힘든 궁합이다.

어울리지 않는 커플이다. 부드럽고 유연한 D의 기질과 냉철하고 단호한 J의 기질이 충돌하여 조화를 이루지 못하고 사사건건 극단적인 의견차이로 인해 극렬하게 다투고 갈등을 많이 겪게 된다. 특히 D가 여자일 경우에 부정적인 성향이 강하게 나타난다. 교제가 성숙된 다음에도 결별할 수 있으니 가능하면 교제 초기에 결별을 하는 것이 좋다.

섹스에 대해서 둔감한 J에 대해 D는 불만이 많으며, 오르가슴에 대해서도 D는 불만을 갖게 된다.

드물지만 D · J 두 사람이 크게 합심하고 양보하여 어느 정도의 부귀를 얻는 경우가 있다. 결단을 내리지 못하는 D의 문제를 J가 명쾌하게 해결해 주기 때문에 D는 J의 의견을 존중하고 따르면 반드시 큰 이익이 있게 되지만 그 과정에서 D는 마음의 상처를 입게 될 수 있다. J가 남자일 경우 D의 여성스러운 면이 돋보이지만, 의견충돌로 다투는 경우는 많다. 교제가 시작되면 시종일관 J가 리드하고, 시간이 지남에 따라 D가 답답해하며 결별을 생각할 수 있으므로 항상 D에 대해 배려해야 한다. 다툼의 결과는 항상 J의 일방적인 승리로 끝나므로 상처를 입은 D의 마음을 다정하게 감싸안아 줄 필요도 있다.

D · j와 d · j는 보통이고, d · J는 서로에게 원망을 줄 수 있기 때문에 모두에게 불리하니 권하기 힘든 궁합이다.

상반된 기질을 가졌으면서도 조화롭게 지낼 수 있는 만남이다. D는 무조건 곧게 나아가려고 하는 반면 K는 철두철미하므로 서로의 장점을 수용하여 의기투합하며, 조화의 결과는 둘 다 만족스러운 쪽으로 귀결되는 경우가 많다. 이럴 경우에 K는 자만심과 의타심을 가질 수 있으므로 D는 확실한 자신의 의견을 제시해줄 필요가 있다. 어울릴 것 같지 않아 보이는 만남이지만 D는 큰 이해심으로 K을 이해하고 지원하게 된다. 교제가 시작되면 두 사람은 호흡을 조절하면서 천천히 관계를 진전시키다가 밀도있게 사랑을 만들어 간다. 처음에는 D가 리드하지만 교제가 계속되면 K가 주도권을 쥐고 리드하게 된다. 시간이 지나면서 D는 일방적으로 K에게 희생을 당한다는 기분을 가질 수 있으므로 K는 D에 대한 배려를 아끼지 말아야 한다. 간간이 사소한 다툼은 있지만 D가 먼저 손을 내밀어 화해를 청하게 된다. 사랑이 이루어지면 끈끈한 정으로 인해 어지간해서는 결별하지 않는다.

섹스에 대해서는 둘 다 열정이 있어 무난하고, 오르가슴도 만족스럽게 느낀다.

D · K의 만남이 합심하여 부귀를 얻을 수 있는 최상의 궁합이고, D · k와 d · k는 보통이며, d · K는 다툼이 상존하고 d의 희생과 원망이 교차되어 두 사람 모두에게 불리하니 권하기 힘든 궁합이다.

　L로부터 정이 생겨 나와 자연스럽게 D에게 흐르는 다정한 만남이다. 처음부터 서로를 이해하고 급속하게 진전된다. 이성적이고 자유분방한 D가 L의 헌신적인 지원을 받아 성장과 발전을 거듭한다. D는 L을 고맙게 여기며 은혜를 갚으려 성심을 다한다. 서로에 대한 이해심이 좋아 의기투합하며, 조화의 결과는 D를 위한 방안으로 귀결되는 경우가 많다. L의 양보와 일방적인 지원은 D에게 의타심을 조장하여 자립심과 책임감의 결여를 초래할 수 있으니 과도한 지원은 이롭지 않다. 외견상으로 잘 어울리는 만남이기 때문에 남들의 부러움을 산다. 교제가 시작되면 두 사람의 호흡이 잘 맞는다. 시종일관 L가 리드하지만 교제가 계속되면 D는 벗어날 수 없는 구속감을 느끼고 L로부터 벗어나려고 할 수 있으므로 L은 템포를 조절하는 지혜를 지녀야 한다. 간간이 사소한 다툼은 있지만 L의 잔소리로 인한 것일 수 있다. 싸움도 L이 걸고, 신속한 화해도 L이 청하면서 무난하게 사랑을 이어갈 수 있다.

　섹스에 대해서 둘 다 탐구적이고 새로운 것을 좋아하므로 조화가 무난하고, 오르가슴에도 불만이 없다.

　음양이 조화되는 d·L의 만남이 합심하여 부귀를 얻을 수 있는 최상의 궁합이고, D·L과 d·ℓ은 보통이며, D·ℓ은 ℓ의 지원이 도리어 D에게는 발전의 지장을 초래하고 ℓ에게는 원망을 주게 되어 두 사람 모두에게 불리한 궁합이다.

상반된 기질을 가졌으면서도 조화롭게 지낼 수 있는 만남이다. E는 철두철미하고 보수적인 반면 A는 이성적이고 자유분방하지만 서로에 대한 이해심이 좋아 의기투합하며, 조화의 결과는 A의 의견으로 귀결되는 경우가 많다. 이럴 경우에 A는 자만심이 증가할 수 있으므로 자신의 의견과 다른 E의 의견을 진정한 충고로 받아들이는 지혜로움이 필요하다. E가 남자일 경우 외견상으로도 서로에게 잘 어울리며, A에 대한 이해심도 훨씬 더 크고 성심으로 지원하게 된다. 교제가 시작되면 두 사람의 호흡이 잘 맞는다. 처음에는 E가 리드하지만 교제가 계속되면 A가 주도권을 쥐고 리드하게 된다. 시간이 지나면서 E는 A에게 속아 주도권을 빼앗기고 끌려 다닌다는 기분을 가질 수 있으므로 A는 E에 대한 배려를 아끼지 말아야 한다. 간간이 사소한 다툼은 있지만 서로가 화해를 청하는데 익숙하므로 갈등이 오래가지는 않는다. 사랑이 이루어지면 끈끈한 정으로 인해 어지간해서는 결별하지 않는다.

섹스에 대한 두 사람의 취향이 비슷하기 때문에 무난하며, 둘 다 오르가슴에 대해서는 불만이 없다.

음양이 조화되는 E · a의 만남이 합심하여 부귀를 얻을 수 있는 최상의 궁합이고, E · A와 e · a는 보통이며, e · A는 e의 희생과 A의 원망이 교차되어 두 사람 모두에게 불리하니 권하기 힘든 궁합이다.

큰 변화를 좋아하지 않는 만남이다. 가치관과 느끼는 감정이 비슷하므로 동감하는 부분이 많고 서로를 잘 이해하므로 쉽게 가까워진다. 그러나 기질의 유사점은 양보를 방해하여 자주 다투며 장기적인 갈등을 겪게 된다. 내심에 숨어있는 갈등과 상처가 있기 때문에 사이가 좋다가도 틀어지면 격하게 다투게 되고 끝장을 보려고 한다. 미워하는 감정표현이 지나치게 된다. 교제가 시작되면 두 사람의 호흡이 잘 맞는다. 처음에는 서로를 탐색하면서 E가 리드하지만 교제가 계속되면 주도권을 주고받는다. 둘 다 내심을 드러내지 않는 기질이 있어 관계를 진전시킬만한 계기를 만들기 쉽지 않지만 성격이 비슷해 보이면서도 개성이 약간 다르기 때문에 E가 적극적으로 나서게 된다. 시간이 지나면 상대방에게 지루함을 느끼게 되고 다투기도 잘하여 매끄럽지 않은 관계가 될 수 있다.

두 사람의 성적 취향이 비슷하여 무난하며, 오르가슴에 대해서도 별로 불만이 없다.

음양이 조화되는 e·B와 E·b, 협동을 이룰 수 있는 e·b의 만남은 보완적 관계가 되어 부귀를 얻을 수 있는 좋은 궁합이다. E·B의 경우는 시간이 지나면서 경쟁적인 관계가 부각되므로 좋은 궁합이라고 할 수 없으며 부귀의 손상도 가져올 수 있으므로 사랑하는 마음과 믿음이 많이 요구된다.

상반된 기질을 가졌으면서도 조화롭게 지낼 수 있는 만남이다. E는 철두철미하고 보수적인 반면 C는 미래지향적이고 부드러워 서로에 대한 이해심이 좋아 의기투합하며, 조화의 결과는 C의 의견으로 귀결되는 경우가 많다. 이럴 경우에 C는 자만심이 증가할 수 있으므로 자신의 의견과 다른 E의 의견을 진정한 충고로 받아들이는 지혜로움이 필요하다. C가 남자일 경우 외견상으로도 서로에게 잘 어울리며, C에 대한 이해심도 훨씬 더 크고 성심으로 지원하게 된다. 교제가 시작되면 두 사람의 호흡이 잘 맞는다. 시종일관 C가 리드하게 되지만 교제가 계속되면서 E는 C에게 주도권을 너무 많이 빼앗기고 끌려 다닌다는 기분을 가질 수 있으므로 C는 E에 대한 배려를 아끼지 말아야 한다. 간간이 사소한 다툼은 있지만 서로가 화해를 청하는데 익숙하므로 갈등이 오래가지는 않는다. 사랑이 이루어지면 끈끈한 정으로 인해 어지간해서는 결별하지 않는다.

섹스에 대해서도 C가 주도하고 E는 잘 따르므로 안정감이 있어 무난하고, 둘 다 느끼는 오르가슴에 만족한다.

음양이 조화되는 E·c의 만남이 합심하여 부귀를 얻을 수 있는 최상의 궁합이고, E·C와 e·c는 보통이며, e·C는 e의 희생과 C의 원망이 교차되어 두 사람 모두에게 불리하니 권하기 힘든 궁합이다.

상반된 기질을 가졌으면서도 조화롭게 지낼 수 있는 만남이다. E는 철두철미하고 보수적인 반면 D는 미래지향적이고 부드러워 서로에 대한 이해심이 좋아 의기투합하며, 조화의 결과는 D의 의견으로 귀결되는 경우가 많다. 그러나 두 사람의 만남을 방해하는 요소가 간혹 도출되어 결별을 생각하기도 한다. D에게 자만심이 증가할 수 있으므로 자신의 의견과 다른 E의 의견을 진정한 충고로 받아들이는 지혜로움이 필요하다. D가 남자일 경우 외견상으로도 서로에게 잘 어울리며, D에 대한 E의 이해심도 훨씬 더 커진다. 교제가 시작되면 두 사람은 호흡을 맞춰가며 시종일관 D가 리드하게 된다. 교제가 계속되면서 E는 D에게 끌려 다닌다는 기분을 가질 수 있으므로 E에 대한 배려가 필요하다. 간간이 사소한 다툼은 있지만 서로가 화해를 청하는데 익숙하므로 갈등이 오래가지는 않는다. 사랑이 이루어지면 끈끈한 정으로 인해 어지간해서는 결별하지 않는다.

섹스에 대해서도 D가 주도하고 E는 잘 따르므로 안정감이 있어 무난하고, 둘 다 느끼는 오르가슴에 만족한다.

음양이 조화되는 E·d의 만남이 합심하여 부귀를 얻을 수 있는 최상의 궁합이고, E·D와 e·d는 보통이며, e·D는 e의 희생과 D의 원망이 교차되어 두 사람 모두에게 불리하니 권하기 힘든 궁합이다.

지극히 보수적이고 변화를 싫어하는 사람들의 만남이다. 가치관과 느끼는 감정이 비슷하므로 동감하는 부분이 많지만 서로를 이해하는 데는 인색하다. 강한 고집을 내세워 사소한 일에도 충돌하며 다툼의 양상이 극렬할 수 있으니 각별한 애정이 없다면 교제초기에 결별하는 게 좋다.

성적으로 두 사람의 취향이 비슷하기 때문에 무난하지만, 오르가슴을 느끼는 정도는 둘 다 약하다.

음양이 교차하는 E · e의 만남은 무난한 경우가 있지만 다툼과 갈등은 항상 내포하고 있다. 교제가 시작되면 두 사람의 호흡이 잘 맞고, 먼저 남자가 리드하지만 교제가 계속되면 주도권을 주고받는다. 그러나 둘 다 표현을 자제하기 때문에 쉽게 지루함을 느끼게 되어 매끄럽지 않은 관계가 될 수 있다. 평소에는 감정표현을 자제하고 지내므로 외면상으로는 아무런 일이 없는 듯 안정되게 지내지만 내심 갈등이 많고, 한 번 상처를 받으면 오래가기 때문에 시간이 많이 흐른 뒤에도 지난 일을 끄집어내서 다투는 경우가 많다. 사이가 좋다가도 틀어지면 격하게 다투며 끝장을 보려고 하기 때문에 감정표현이 지나치게 되니 양보와 이해의 미덕이 필요하다.

e · e는 보통이고, 음양이 교차하지 않는 E · E의 만남은 시간이 지나면서 경쟁적인 관계가 부각되고 부귀의 손상도 가져올 수 있으므로 권할만한 궁합이 못된다.

F로부터 정이 생겨 나와 E에게 흐르는 만남이다. 열정이 넘치는 F가 E의 성장과 발전을 위해 지원한다. 처음엔 파트너로 인식하지 못했던 사람이 어느 날 연인이 될 가능성이 많은 만남이다. E와 F는 시간이 지남에 따라 점진적으로 사랑을 가꾸어 나가게 된다. E는 F를 고맙게 여기지만 불만스러움도 내재하고, F 역시 E를 지원하면서 얻는 보람은 적어서 매끄럽지 못한 느낌이 든다. 의기투합도 잘하고 다투기도 잘하며, 의기투합은 E가 원하는 쪽으로 귀결되는 경우가 많다. 그래서 간혹 E에게 의타심을 조장할 수 있다. E가 남자일 경우 연상의 커플이 될 가능성도 있다. 교제가 시작되면 두 사람의 호흡이 잘 맞는다. 시종일관 F가 리드하지만 교제가 계속되면 E가 주도권을 잡기도 한다. 간혹 E는 벗어날 수 없는 구속감을 느끼고 F로부터 벗어나려고 할 수 있으므로 E는 템포를 조절하는 지혜를 지녀야 한다. 간간이 사소한 다툼은 있지만 F의 잔소리로 인한 것일 수 있다. 싸움도 F가 걸고, 신속한 화해도 F가 청하게 된다.

섹스에 대해서도 취향이 비슷해서 무난하며, 둘 다 오르가슴에 대한 불만이 없다.

e · F의 만남이 합심하여 부귀를 얻을 수 있는 최상의 궁합이고, E · F와 e · f는 무난하며, E · f는 f가 원망을 갖게 되어 두 사람 모두에게 불리하니 권하기 힘든 궁합이다.

G로부터 정이 생겨 나와 자연스럽게 E에게 흐르는 다정한 만남이다. 처음부터 서로를 이해하고 급속하게 진전된다. 열정적인 G가 일관되게 지원을 하여 E의 성장과 발전을 도모한다. E는 G를 고맙게 여기며 은혜를 갚으려 성심을 다한다. 서로에 대한 이해심이 좋아 의기투합하며, 조화의 결과는 E를 위한 방안으로 귀결되는 경우가 많다. G의 양보와 일방적인 지원은 E에게 의타심을 조장하여 자립심과 책임감의 결여를 초래할 수 있으니 과도한 지원은 이롭지 않다. 외견상으로 잘 어울리는 만남이기 때문에 남들의 부러움을 산다. 교제가 시작되면 두 사람의 호흡이 잘 맞는다. 시종일관 G가 리드하지만 교제가 계속되면 E는 벗어날 수 없는 구속감을 느끼고 G로부터 벗어나려고 할 수 있으므로 G는 템포를 조절하는 지혜를 지녀야 한다. 간간이 사소한 다툼은 있지만 G의 잔소리로 인한 것일 수 있다. 싸움도 G가 걸고, 신속한 화해도 G가 청하면서 무난하게 사랑을 이어갈 수 있다.

섹스에 대한 조화가 무난하고, 둘 다 오르가슴에 대한 불만이 없다.

음양이 조화되는 e · G의 만남이 합심하여 부귀를 얻을 수 있는 최상의 궁합이고, E · G와 e · g는 보통이며, E · g는 g의 지원이 도리어 E에게는 발전의 지장을 초래하고 g에게는 원망을 주게 되어 두 사람 모두에게 불리한 궁합이다.

보수적이고 변화를 싫어하는 만남이다. 가치관과 느끼는 감정이 비슷하므로 동감하는 부분이 많고 서로를 잘 이해하므로 쉽게 가까워진다. 그러나 기질의 유사점은 무조건적인 긍정을 유발하여 현명한 판단을 하는데 지장을 주고, 상대방에 대한 양보를 방해하여 자주 다투게 만든다. 내심에 갈등과 상처가 있기 때문에 사이가 좋다가도 틀어지면 격하게 다투게 된다. 교제가 시작되면 두 사람의 호흡이 잘 맞는다. 처음에는 서로를 탐색하면서 남자가 리드하지만 교제가 계속되면 주도권을 주고받는다. 둘 다 내심을 드러내지 않는 기질이 있어 관계를 진전시킬만한 계기를 만들기 쉽지 않지만 성격이 비슷해 보이면서도 개성이 약간 다르기 때문에 상황에 따라 누군가가 적극적으로 나서게 된다. 시간이 지나면 상대방에게 지루함을 느끼게 되고 다투기도 잘하여 매끄럽지 않은 관계가 될 수 있다.

두 사람의 성적 취향이 비슷하여 무난하며, 오르가슴을 느끼는 정도는 강하지 않지만 피차 불만이 없다.

음양이 조화되는 E·h와 e·H, 협동을 이룰 수 있는 e·h의 만남은 보완적 관계가 되어 부귀를 얻을 수 있는 좋은 궁합이다. E·H의 경우는 시간이 지나면서 경쟁적인 관계가 부각되므로 좋은 궁합이라고 할 수 없으며 부귀의 손상도 가져올 수 있으므로 사랑하는 마음과 믿음이 많이 요구된다.

　　보수적인 성향의 E로부터 정이 생겨 나와 냉철한 기질의 I에게 흐르는 좋은 만남이다. E는 묵묵히 I의 성장과 발전을 지원한다. 처음엔 파트너로 인식하지 못했던 사람이 어느 날 연인이 되어 뜨거운 사랑이 된다. E는 I의 냉정한 기질을 포용하여 유연하게 만들어주는 등 서로의 장점을 수용하여 의기투합하며, 조화의 결과는 둘 다 만족스러운 쪽으로 귀결되는 경우가 많다. 어울릴 것 같지 않은 사람들이지만 교제가 시작되면 두 사람은 호흡을 조절하면서 천천히 관계를 진전시키다가 밀도있게 사랑을 만들어 간다. 처음에는 E가 리드하지만 교제가 계속되면 I가 주도권을 쥐고 리드하게 된다. 시간이 지나면서 E는 일방적으로 I에게 희생을 당한다는 기분을 가질 수 있고, E의 잔소리로 인해 간간이 사소한 다툼은 있지만 한 번 사랑이 이루어지고 나면 끈끈한 정으로 인해 어지간해서는 결별하지 않는다. E가 여자일 경우 연상의 커플일 수 있다. 다툼이 있고 나면 E가 먼저 손을 내밀어 화해를 청하게 된다.

　　섹스에 대해서도 취향이 비슷해서 무난하며, 둘 다 오르가슴에 대한 불만이 없다.

　　E·i와 E·I의 만남이 합심하여 부귀를 얻을 수 있는 최상의 궁합이고, e·i는 무난하며, e·I는 e가 원망을 갖게 되어 두 사람 모두에게 불리하니 권하기 힘든 궁합이다.

E로부터 정이 생겨 나와 자연스럽게 J에게 흐르는 다정한 만남이다. 처음부터 서로를 이해하고 급속하게 진전된다. 보수적이고 은근한 E가 헌신적으로 J의 성장과 발전을 지원한다. J는 E를 고맙게 여기며 은혜를 갚으려 성심을 다한다. 서로에 대한 이해심이 좋아 의기투합하며, 조화의 결과는 J를 위한 방안으로 귀결되는 경우가 많다. E의 양보와 일방적인 지원은 J에게 의타심을 조장하여 자립심과 책임감의 결여를 초래할 수 있으나 지나치지는 않다. 외견상으로 잘 어울리는 만남이기 때문에 남들의 부러움을 산다. 교제가 시작되면 두 사람의 호흡이 잘 맞는다. 시종일관 E가 리드하지만 교제가 계속되면 J는 벗어날 수 없는 구속감을 느끼고 E로부터 벗어나려고 할 수 있으므로 E는 템포를 조절하는 지혜를 지녀야 한다. 간간이 사소한 다툼은 있지만 E의 잔소리로 인한 것일 수 있다. 싸움도 E가 걸고, 신속한 화해도 E가 청하면서 무난하게 사랑을 이어갈 수 있다.

섹스에 대한 조화가 무난하고, 둘 다 오르가슴에 대해서는 불만이 없게 된다.

E · j의 만남이 합심하여 부귀를 얻을 수 있는 최상의 궁합이고, E · J와 e · j는 무난하고, e · J의 만남은 e의 지원이 도리어 J에게는 발전의 지장을 초래하고 e에게는 원망을 주게 되어 두 사람 모두에게 불리하니 권하기 힘든 궁합이다.

　지극히 보수적이고 변화를 싫어하는 만남이다. 가치관과 느끼는 감정이 비슷하므로 동감하는 부분이 많지만 서로를 이해하는 데는 인색하다. 강한 고집을 내세워 사소한 일에도 충돌하며 다툼의 양상이 극렬할 수 있으니 각별한 애정이 없다면 교제초기에 결별하는 게 좋다.

　성적으로 두 사람의 취향이 비슷하기 때문에 무난하지만, 오르가슴을 느끼는 정도는 둘 다 약하다.

　음양이 교차하는 E·k나 e·K의 만남은 무난한 경우가 있지만 다툼과 갈등은 항상 내포하고 있다. 교제가 시작되면 두 사람의 호흡이 잘 맞고, 먼저 남자가 리드하지만 교제가 계속되면 주도권을 주고받는다. 그러나 둘 다 표현을 자제하기 때문에 쉽게 지루함을 느끼게 되어 매끄럽지 않은 관계가 될 수 있다. 평소에는 감정표현을 자제하고 지내므로 외면상으로는 아무런 일이 없는 듯 안정되게 지내지만 내심 갈등이 많고, 한 번 상처를 받으면 오래가기 때문에 시간이 많이 흐른 뒤에도 지난 일을 끄집어내서 다투는 경우가 많다. 사이가 좋다가도 틀어지면 격하게 다투며 끝장을 보려고 하기 때문에 감정표현이 지나치게 되니 양보와 이해의 미덕이 필요하다.

　e·k는 보통이고, 음양이 교차하지 않는 E·K의 만남은 시간이 지나면서 경쟁적인 관계가 부각되고 부귀의 손상도 가져올 수 있으므로 권할만한 궁합이 못된다.

E의 철두철미하고 보수적인 기질과 L의 이성적이고 자유분방한 기질이 충돌하여 조화를 이루지 못하고 사사건건 극단적인 의견차이로 인해 굴곡과 갈등을 많이 겪게 되는 만남이다. 특히 L이 여자일 경우에 부정적인 성향이 강하게 나타난다. 교제가 성숙된 다음에도 결별할 수 있으니 가능하면 교제 초기에 결별을 하는 것이 좋다.

섹스에 대해서 둔감한 E에 대해 L은 불만이 많으며, 오르가슴에 대해서는 둘 다 불만을 갖게 된다.

드물지만 E·L 두 사람이 크게 합심하고 양보하여 어느 정도의 부귀를 얻는 경우가 있다. L의 급하고 자유분방한 기질을 E가 철두철미함으로 보완해 주기 때문에 L은 E의 의견을 존중하고 따르면 반드시 큰 이익이 있게 된다. 하지만 그 과정에서 L은 마음의 상처를 입게 될 수 있다. E가 남자일 경우 L의 기질이 점진적으로 표출되어 여성스러운 면이 돋보이지만, 의견충돌로 다투는 경우는 많다. 교제가 시작되면 시종일관 E가 리드하지만 시간이 지남에 따라 L이 답답해하며 결별을 생각할 수 있으므로 항상 L에 대해 배려해야 한다. 다툼의 결과는 항상 E의 일방적인 승리로 끝나므로 상처를 입은 L의 마음을 다정하게 감싸안아 줄 필요도 있다.

e·L과 e·ℓ은 보통이고, E·ℓ은 서로에게 원망을 줄 수 있기 때문에 모두에게 불리하니 권하기 힘든 궁합이다.

둘 다 자유분방하지만 F는 감성적인 반면 A는 이성적이기 때문에 상반된 기질로 인해 사사건건 의견이 충돌하고 갈등을 많이 겪게 되는 만남이다. 특히 F가 여자일 경우에 부정적인 성향이 강하게 나타난다. 교제가 성숙된 다음에도 결별할 수 있으므로 가능하면 큰 다툼을 피하는 것이 좋다.

섹스에 대한 두 사람의 취향이 비슷하기 때문에 무난하며, 둘 다 오르가슴에 대해서는 불만이 없다.

음양이 조화되는 F·A의 만남은 합심하여 부귀를 얻을 수 있는 최상의 궁합이다. F의 급하고 감정적인 성격을 A는 이성적으로 보완해 주기 때문에 의기투합하며, A의 쓴 충고는 항상 달콤한 결과를 가져다주므로 F는 A의 의견을 존중하게 된다. A가 남자일 경우 F의 여성다운 기질이 더 원활하게 표출되어 외견상으로도 서로에게 잘 어울리며, F를 능수능란하게 리드할 수 있다. 교제가 시작되면 시종일관 A가 리드하지만 시간이 지나면 F가 답답해할 수 있으므로 A는 F에 대한 배려를 아끼지 말아야 한다. 다툼의 결과는 항상 A의 일방적인 승리로 끝나지만 F의 마음속에는 큰 갈등의 잔재가 남아 있을 수 있으니 다정한 어루만짐이 필요하다.

F·a와 f·a는 보통이고, f·A는 A의 냉정한 기질이 f의 감성적인 가슴에 골이 깊은 상처와 원망을 줄 수 있기 때문에 두 사람 모두에게 불리하니 권하기 힘든 궁합이다.

 알기쉽고 신비한 신세대 궁합코드

　F로부터 정이 생겨 나와 자연스럽게 B에게 흐르는 다정한 만남이다. 처음부터 서로를 이해하고 급속하게 진전된다. 감성적이고 정열이 넘치는 F가 헌신적으로 B의 성장과 발전을 지원한다. B는 F를 고맙게 여기며 은혜를 갚으려 성심을 다한다. 서로에 대한 이해심이 좋아 의기투합하며, 조화의 결과는 B를 위한 방안으로 귀결되는 경우가 많다. F의 양보와 일방적인 지원은 B에게 의타심을 조장하여 자립심과 책임감의 결여를 초래할 수 있으나 지나치지는 않다. 외견상으로 잘 어울리는 만남이기 때문에 남들의 부러움을 산다. 교제가 시작되면 두 사람의 호흡이 잘 맞는다. 시종일관 F가 리드하지만 교제가 계속되면 B는 벗어날 수 없는 구속감을 느끼고 F로부터 벗어나려고 할 수 있으므로 F는 템포를 조절하는 지혜를 지녀야 한다. 간간이 사소한 다툼은 있지만 F의 잔소리로 인한 것일 수 있다. 싸움도 F가 걸고, 신속한 화해도 F가 청하면서 무난하게 사랑을 이어갈 수 있다.

　섹스에 대한 조화가 무난하고, 둘 다 만족스러운 오르가슴을 얻을 수 있게 된다.

　F · b의 만남이 합심하여 부귀를 얻을 수 있는 최상의 궁합이고, F · B와 f · b의 만남은 보통, f · B의 만남은 f의 지원이 도리어 B에게는 발전의 지장을 초래하고 f에게는 원망을 주게 되어 두 사람 모두에게 불리하니 권하기 힘든 궁합이다.

처음엔 파트너로 인식하지 못했던 사람이 어느 날 연인이 될 가능성이 많은 만남이다. F와 C는 시간이 지남에 따라 점진적으로 사랑을 가꾸어 나가게 된다. 사랑의 감정은 C로부터 생겨나고, 일방적으로 F에게 향하게 된다. 그러나 이들의 사랑은 방해와 난관이 많아 유연하게 이루어지기가 힘들다. 사소한 오해가 결별의 원인이 되기도 하므로 각별한 사랑과 이해심이 없다면 초기에 결별하는 것이 좋다.

섹스에 대한 F의 강한 열정을 C가 잘 받아들여 무난히 소화하며, 둘 다 오르가슴을 잘 느낀다.

음양의 조화가 이루어지는 f · C의 만남은 난관을 극복하고 사랑을 이루어 내기도 한다. C의 지극한 정성이 기폭제이다. 그러나 f는 C의 정성을 고맙게 여기면서도 과소평가를 하는 경향을 보이고, C 역시 f를 지원하면서 느끼는 보람이 크지는 않다. 자주 다투고 심한 경우에는 사소한 일로 결별하기도 한다. 의기투합은 f가 요구하는 쪽으로 귀결되는 경우가 많아 f에게 의타심을 조장할 수 있다. f가 남자일 경우 연상의 커플이 될 가능성도 있다. 시종일관 C가 리드하지만 교제가 계속되면 f가 C로부터 벗어나고 싶어 크게 다투거나 이탈할 수 있다. 지속적인 갈등이 상존할 수 있음을 유의해야 한다.

F · C와 f · c는 보통이고, F · c는 c의 지원이 도리어 F의 발전에 지장을 초래하는 불리한 궁합이다.

　D로부터 정이 생겨 나와 자연스럽게 F에게 흐르는 다정한 만남이다. 처음부터 서로를 이해하고 급속하게 진전된다. 부드러운 D가 따뜻한 F를 일관되게 지원을 하여 F의 성장과 발전을 도모한다. F는 D를 고맙게 여기며 은혜를 갚으려 성심을 다한다. 서로에 대한 이해심이 좋아 의기투합하며, 조화의 결과는 F를 위한 방안으로 귀결되는 경우가 많다. D의 양보와 일방적인 지원은 F에게 의타심을 조장하여 자립심과 책임감의 결여를 초래할 수 있으니 과도한 지원은 이롭지 않다. 외견상으로 잘 어울리는 만남이기 때문에 남들의 부러움을 산다. 교제가 시작되면 두 사람의 호흡이 잘 맞는다. 시종일관 D가 리드하지만 교제가 계속되면 F는 벗어날 수 없는 구속감을 느끼고 D로부터 벗어나려고 할 수 있으므로 D는 템포를 조절하는 지혜를 지녀야 한다. 간간이 사소한 다툼은 있지만 D의 잔소리로 인한 것일 수 있다. 싸움도 D가 걸고, 신속한 화해도 D가 청하면서 무난하게 사랑을 이어갈 수 있다.

　섹스에 대해서 둘 다 자유로운 감각을 선호하므로 조화가 무난하고, 오르가슴에 대해서 만족한다.

　음양이 조화되는 f·D의 만남이 합심하여 부귀를 얻을 수 있는 최상의 궁합이고, F·D와 f·d는 보통이며, F·d는 d의 지원이 도리어 F에게 지장을 초래하고 d에게는 원망을 주게 되어 두 사람 모두에게 불리하니 권하기 힘든 궁합이다.

F로부터 정이 생겨 나와 E에게 흐르는 만남이다. 열정이 넘치는 F가 E의 성장과 발전을 위해 지원한다. 처음엔 파트너로 인식하지 못했던 사람이 어느 날 연인이 될 가능성이 많은 만남이다. E와 F는 시간이 지남에 따라 점진적으로 사랑을 가꾸어 나가게 된다. E는 F를 고맙게 여기지만 불만스러움도 내재하고, F 역시 E를 지원하면서 얻는 보람은 적어서 매끄럽지 못한 느낌이 든다. 의기투합도 잘하고 다투기도 잘하며, 의기투합은 E가 원하는 쪽으로 귀결되는 경우가 많다. 그래서 간혹 E에게 의타심을 조장할 수 있다. E가 남자일 경우 연상의 커플이 될 가능성도 있다. 교제가 시작되면 두 사람의 호흡이 잘 맞는다. 시종일관 F가 리드하지만 교제가 계속되면 E가 주도권을 잡기도 한다. 간혹 E는 벗어날 수 없는 구속감을 느끼고 F로부터 벗어나려고 할 수 있으므로 E는 템포를 조절하는 지혜를 지녀야 한다. 간간이 사소한 다툼은 있지만 F의 잔소리로 인한 것일 수 있다. 싸움도 F가 걸고, 신속한 화해도 F가 청하게 된다.

섹스에 대해서도 취향이 비슷해서 무난하며, 둘 다 오르가슴에 대한 불만이 없다.

F · e의 만남이 합심하여 부귀를 얻을 수 있는 최상의 궁합이고, F · E와 f · e는 무난하며, f · E는 f가 원망을 갖게 되어 두 사람 모두에게 불리하니 권하기 힘든 궁합이다.

급하고 정열적인 사람들의 뜨거운 만남이다. 가치관과 느끼는 감정이 비슷하므로 동감하는 부분이 많고 서로를 잘 이해하지만 기질의 유사점은 양보를 방해하여 간혹 장기적인 다툼을 유발하게 되므로 주의를 해야 한다. 둘 다 긍정적인 심리를 갖고 있으므로 평소에는 감정표현을 자제하고 지내므로 외면상으로는 아무런 일이 없는 듯 안정되게 지내지만 다툴 때에는 상대방을 굴복시키려 하므로 심한 상처를 얻기 쉽다. 그러나 두 사람 모두 급격한 감정의 폭발은 오래가지 않고 조금만 시간이 지나면 후회하는 경우가 많기 때문에 감정을 컨트롤하는 지혜가 필요하다. 교제가 시작되면 두 사람의 호흡이 잘 맞는다. 처음에는 서로를 탐색하면서 남성이 리드하지만 교제가 계속되면 주도권을 주고받게 된다. 둘 다 외향적인 면이 강해서 관계를 진전시킬만한 계기를 만들기 쉽다. 항상 상대방이 지루하게 느끼지 않도록 하기 위해 새로운 모습을 보여주려고 노력한다.

성적으로 두 사람의 취향이 비슷하기 때문에 무난하고, 둘 다 오르가슴을 잘 느낀다.

음양이 조화되는 F·f, 그리고 협동을 이룰 수 있는 f·f의 만남은 좋은 궁합이지만 F·F의 경우는 시간이 지나면서 경쟁적인 관계가 부각되고 부귀의 손상도 가져올 수 있으므로 사랑하는 마음과 믿음이 많이 요구되는 궁합이다.

열정이 넘치는 멋쟁이들의 자유분방한 만남이다. 열정적이고 솔직한 분위기를 좋아하지만 초지일관하는 마음과 성실함은 부족하다. 그래서 감정이 변하기 쉽고 안정적인 측면 역시 부족하므로 감정의 조절이 필요하다. 상황에 대해 느끼는 감정이 비슷하여 양보를 방해하고 간혹 장기적인 다툼을 유발하기도 하지만 어느 정도 상대방에 대한 배려심을 갖고 있으므로 시간이 흐르면 관계가 서서히 회복된다. 교제가 시작되면 두 사람의 호흡이 잘 맞는다. 처음에는 서로를 탐색하면서 남성이 리드하지만 교제가 계속되면 주도권을 주고받게 된다. 성격이 비슷해 보이면서도 개성이 약간 다르기 때문에 관계를 진전시킬만한 계기를 쉽게 만들어 간다. 시간이 지나도 상대방에게 지루함을 느끼지 않고 항상 변함없이 순발력있게 대처하므로 무난하게 관계를 유지할 수 있다.

두 사람의 정력이 좋고, 탐구심이 많아 다양한 체위를 즐기며, 만족할만한 오르가슴을 느낀다.

음양이 조화되는 F·g, f·G와 협동을 이룰 수 있는 f·g의 만남은 진정한 동반자로서의 보완적 관계가 되어 부귀를 얻을 수 있는 좋은 궁합이다. F·G의 경우는 시간이 지나면서 경쟁적인 관계가 부각되므로 좋은 궁합이라고 할 수 없으며 부귀의 손상도 가져올 수 있으므로 사랑하는 마음과 믿음이 많이 요구된다.

보기 드물게 좋은 궁합이다. F로부터 정이 생겨 나와 자연스럽게 H에게 흐른다. 개성이 강한 두 사람이 처음부터 서로를 이해하고 급속하게 진전된다. 열정이 넘치는 F가 보수적인 H를 설득하여 상호 헌신적인 지원을 하며 성장과 발전을 거듭한다. 서로는 서로를 고맙게 여기며 은혜를 갚으려 성심을 다하는 최상의 만남이다. 서로에 대한 이해심이 좋아 의기투합하며, 조화의 결과는 모두를 위한 방안으로 귀결되는 경우가 많다. 서로가 양보하고 지원하니 진정한 공동운명체를 이룰 수 있다. 외견상으로 잘 어울리는 화려한 만남이기 때문에 남들의 부러움을 산다. 교제가 시작되면 두 사람의 호흡이 잘 맞는다. 시종일관 F가 리드하지만 그 결과가 항상 만족스럽기 때문에 H는 조금도 불만이 없을 뿐 아니라 적극적으로 호응을 하게 된다. 어지간해서는 다투지 않지만, 간혹 발생하는 다툼은 사랑싸움일 경우가 많다. F가 먼저 화해를 청하는 경우가 많지만 좀처럼 내색을 하지 않는 H 역시 화해하고자 하는 마음이 크다.

섹스에 대해서 열정적이고 탐구적이고 F의 요구를 H가 잘 수용하므로 조화가 무난하고, 큰 오르가슴을 공유한다.

f · H의 만남이 합심하여 부귀를 얻을 수 있는 최상의 궁합이고, F · h와 F · H는 보통이며, f · h는 f에게 원망을 주게 되어 불리하니 주의가 필요한 궁합이다.

F의 열정적이고 자유분방한 기질과 I의 냉철하고 날카로운 기질이 충돌한다. 다정할 때는 한없이 다정하면서도 대부분은 조화를 이루지 못하고 사사건건 극단적인 의견차이로 인해 파란과 갈등을 많이 겪게 되는 만남이다. 특히 I가 여자일 경우에 부정적인 성향이 강하게 나타난다. 교제가 성숙된 다음에도 결별할 수 있으니 가능하면 교제 초기에 결별을 하는 것이 좋다.

섹스에 대해서 둔감한 I에 대해 F는 불만이 많으며, 오르가슴에 대해서도 F는 불만을 갖게 된다.

드물지만 F · I 두 사람이 크게 합심하고 양보하여 어느 정도의 부귀를 얻는 경우가 있다. I의 냉철하고 날카로운 기질을 F가 부드럽고 따뜻하게 감싸주기 때문에 I는 F의 의견을 존중하고 따르면 반드시 큰 이익이 있게 된다. F가 남자일 경우 I의 기질이 점진적으로 표출되어 여성스러운 면이 돋보이지만, 의견이 엇갈리는 경우는 많다. 교제가 시작되면 시종일관 F가 리드하고 I는 순응하는 편이다. F는 능숙하게 H를 리드하는데 간혹 I의 가슴에 상처를 주기도 한다. 다툼의 결과는 대부분 F의 승리로 끝나지만 곧 F가 I를 다정하게 감싸 안아 주기 때문에 상처가 깊지는 않다.

F · i와 f · I는 보통이고, f · i는 서로에게 원망을 줄 수 있기 때문에 모두에게 불리하니 권하기 힘든 궁합이다.

　상반된 기질을 가졌으면서도 조화롭게 지낼 수 있는 만남이다. F는 급하고 열정적인 반면 J는 냉철하고 날카롭지만 서로에 대한 이해심이 좋아 의기투합하며, 조화의 결과는 J를 위한 것으로 귀결되는 경우가 많다. 이럴 경우에 J는 자만심이 증가할 수 있으므로 F는 분위기에 휩싸이지 말고 자신의 비판적인 의견을 피력해줘야 하고, J는 겸허하게 충고를 받아들이는 지혜로움이 필요하다. 남들이 부러워하는 만남이며 F는 큰 이해심으로 J을 이해하고 지원하게 된다. 교제가 시작되면 두 사람은 호흡을 조절하면서 천천히 관계를 진전시키다가 밀도 있게 사랑을 만들어 간다. 처음에는 F가 리드하지만 교제가 계속되면 J가 주도권을 쥐고 리드하게 된다. 시간이 지나면서 F는 일방적으로 J에게 희생을 당한다는 기분을 가질 수 있으므로 J는 F에 대한 배려를 아끼지 말아야 한다. 간간이 사소한 다툼은 있지만 F가 먼저 손을 내밀어 화해를 청하게 된다. 사랑이 이루어지면 끈끈한 정으로 인해 어지간해서는 결별하지 않는다.

　섹스에 대해서는 열정이 강한 F가 J에 대해 불만스럽게 생각하고, 오르가슴에 대한 F의 불만이 크다.

　F·J의 만남이 합심하여 부귀를 얻을 수 있는 최상의 궁합이고, F·j와 f·j는 보통이며, f·J는 f의 희생과 원망이 교차되어 불리하니 권하기 힘든 궁합이다.

　처음엔 파트너로 인식하지 못했던 사람이 어느 날 연인이 될 가능성이 많은 만남이다. F와 K는 시간이 지남에 따라 점진적으로 사랑을 가꾸어 나가게 된다. 사랑의 감정은 F로부터 생겨나고, 일방적으로 K에게 향하게 된다. 그러나 이들의 사랑은 방해와 난관이 많아 유연하게 이루어지기가 힘들다. 사소한 오해가 결별의 원인이 되기도 하므로 각별한 사랑과 이해심이 없다면 초기에 결별하는 것이 좋다.

　섹스에 대한 F의 강한 열정을 K가 잘 받아들이므로 무난하고, 둘 다 오르가슴을 잘 느낀다.

　음양의 조화가 이루어지는 F·k의 만남은 난관을 극복하고 사랑을 이루어 내기도 한다. F의 지극한 정성이 기폭제이다. 그러나 k는 F의 정성을 고맙게 여기면서도 과소평가를 하는 경향을 보이고, F 역시 k를 지원하면서 느끼는 보람이 크지는 않다. 자주 다투고 심한 경우에는 사소한 일로 결별하기도 한다. 의기투합은 k가 요구하는 쪽으로 귀결되는 경우가 많아 k에게 의타심을 조장할 수 있다. k가 남자일 경우 연상의 커플이 될 가능성도 있다. 시종일관 F가 리드하지만 교제가 계속되면 k가 F로부터 벗어나고 싶어 크게 다투거나 이탈할 수 있다. 지속적인 갈등이 상존할 수 있음을 유의해야 한다.

　F·K와 f·k는 보통이고, f·K는 f의 지원이 도리어 K의 발전에 지장을 초래하는 불리한 궁합이다.

둘 다 자유분방하지만 F는 감성적인 반면 L은 이성적이기 때문에 상반된 기질로 인해 사사건건 의견이 충돌하고 갈등을 많이 겪게 되는 만남이다. 특히 F가 여자일 경우에 부정적인 성향이 강하게 나타난다. 교제가 성숙된 다음에도 결별할 수 있으니 가능하면 교제 초기에 결별을 하는 것이 좋다.

섹스에 대한 두 사람의 취향이 달라 불만이 많고, 오르가슴에 대해서 F가 불만스러워한다.

음양이 조화되는 F·L의 만남은 두 사람이 크게 합심하고 양보하면 의외로 큰 부귀를 얻을 수 있는 최상의 궁합이다. 하지만 그런 합심과 양보를 이루어 낼 가능성은 매우 희박하다. F의 급하고 감정적인 성격을 L이 이성적으로 보완해 주기 때문에 F는 L의 의견을 존중하고 따르면 반드시 큰 이익이 있게 된다. L이 남자일 경우 F의 여성다운 기질이 더 원활하게 표출되어 외견상으로도 서로에게 잘 어울리지만, 의견충돌로 다투는 경우는 많다. 교제가 시작되면 시종일관 L이 리드하지만 시간이 지나면 F가 답답해하며 결별을 생각할 수 있으므로 L은 항상 F에 대한 배려를 아끼지 말아야 한다. 다툼의 결과는 항상 L의 일방적인 승리로 끝나므로 상처를 입은 F의 마음을 다정하게 감싸 안아 줄 필요가 있다.

F·l 은 보통이고, f·L과 f·l 은 서로에게 원망을 줄 수 있기 때문에 모두에게 불리하니 권하기 힘든 궁합이다.

G는 감성적인 면이 강한 반면 A는 이성적인 면이 강하기 때문에 상반된 기질로 인해 사사건건 의견이 충돌하고 갈등을 많이 겪게 되는 만남이다. 특히 A가 남자일 경우에 부정적인 성향이 강하게 나타난다. 교제가 성숙된 다음에도 결별할 수 있으니 가능하면 교제 초기에 결별을 하는 것이 좋다.

섹스에 대한 두 사람의 취향이 달라 불만이 많고, 오르가슴에 대해서도 G가 불만스러워한다.

음양이 조화되는 G·A의 만남은 두 사람이 크게 합심하고 양보하면 의외로 큰 부귀를 얻을 수 있는 최상의 궁합이다. 하지만 그런 합심과 양보를 이루어 낼 가능성은 매우 희박하다. G의 급하고 감정적인 성격을 A가 이성적으로 보완해 주기 때문에 G는 A의 의견을 존중하고 따르면 반드시 큰 이익이 있게 된다. A가 남자일 경우 G의 여성다운 기질이 더 원활하게 표출되어 외견상으로도 서로에게 잘 어울리지만, 의견충돌로 다투는 경우는 많다. 교제가 시작되면 시종일관 A가 리드하지만 시간이 지나면 G가 답답해하며 결별을 생각할 수 있으므로 A는 항상 G에 대한 배려를 아끼지 말아야 한다. 다툼의 결과는 항상 A의 일방적인 승리로 끝나므로 상처를 입은 G의 마음을 다정하게 감싸 안아 줄 필요가 있다.

G·a는 보통이고, g·A와 g·a는 서로에게 원망을 줄 수 있기 때문에 모두에게 불리하니 권하기 힘든 궁합이다.

　처음엔 파트너로 인식하지 못했던 사람이 어느 날 연인이 될 가능성이 많은 만남이다. G와 B는 시간이 지남에 따라 점진적으로 사랑을 가꾸어 나가게 된다. 사랑의 감정은 G로부터 생겨나고, 일방적으로 B에게 향하게 된다. 그러나 이들의 사랑은 방해와 난관이 많아 유연하게 이루어지기가 힘들다. 사소한 오해가 결별의 원인이 되기도 하므로 각별한 사랑과 이해심이 없다면 초기에 결별하는 것이 좋다.

　섹스에 대한 G의 강한 열정을 B가 잘 받아들이므로 무난하고, 둘 다 오르가슴을 잘 느낀다.

　음양의 조화가 이루어지는 G·b의 만남은 난관을 극복하고 사랑을 이루어 내기도 한다. G의 지극한 정성이 기폭제이다. 그러나 b는 G의 정성을 고맙게 여기면서도 과소평가를 하는 경향을 보이고, G 역시 b를 지원하면서 느끼는 보람이 크지는 않다. 자주 다투고 심한 경우에는 사소한 일로 반목하기도 한다. 의기투합은 b가 요구하는 쪽으로 귀결되는 경우가 많아 b에게 의타심을 조장할 수 있다. G가 여자일 경우 연상의 커플이 될 가능성도 있다. 시종일관 G가 리드하지만 교제가 계속되면 b가 G로부터 벗어나고 싶어 크게 다투거나 이탈할 수 있다. 지속적인 갈등이 상존할 수 있음을 유의해야 한다.

　G·B와 g·b는 보통이고, g·B는 g의 지원이 도리어 B의 발전에 지장을 초래하는 불리한 궁합이다.

　　처음 만나는 순간부터 강한 느낌이 두 사람을 감싸 안고 관계가 급진적으로 발전하여 짧은 시간 안에 강한 연대감을 갖게 될 가능성이 많은 만남이다. 사랑의 감정은 C로부터 생겨나고, 일방적으로 G에게로 향한다. G는 C를 더없이 고맙게 여기고, C 역시 G를 지원하면서 느끼는 보람과 행복감이 매우 크다. 간혹 다투지만 이는 지극한 사랑싸움일 경우가 많다. 완벽하게 만족스러운 의기투합이 이루어지며, 그 결과는 대개 G에게 만족스러운 쪽으로 귀결되는 경우가 많다. 간혹 G에게 의타심을 조장할 수 있다. C가 남자일 경우 파트너에 대한 사랑이 집착으로 발전함으로써 아픔을 얻을 수 있으니 템포를 조절하는 지혜가 필요하다. 교제가 시작되면 두 사람의 호흡이 잘 맞는다. 시종일관 G가 리드하고 서로가 필요한 파트너라는 것을 인식하고 있기 때문에 다투거나 의견충돌이 있더라도 어지간해서는 결별하지 않는다. 두 사람은 눈빛만 봐도 상대방의 심중을 헤아릴 수 있을 정도로 상대방에 대한 이해의 폭이 크다.

　　섹스에 대해서도 의기투합하여 두 사람 모두 다양하고 적극적인 성향을 보이고, 둘 다 강한 오르가슴을 느끼게 된다.

　　G · C와 g · C의 만남이 합심하여 부귀를 얻을 수 있는 최상의 궁합이고, g · c는 보통이며, G · c는 c의 지원이 도리어 G의 발전의 지장을 초래하고 c에게는 원망을 주게 된다.

처음엔 파트너로 인식하지 못했던 사람이 어느 날 연인이 될 가능성이 많은 만남이다. G와 D는 시간이 지남에 따라 점진적으로 사랑을 가꾸어 나가게 된다. 사랑의 감정은 D로부터 생겨나고, 일방적으로 G에게 향하게 된다. 그러나 이들의 사랑은 방해와 난관이 많아 유연하게 이루어지기가 힘들다.

부드러운 D가 따뜻한 G를 일관되게 지원을 하여 F의 성장과 발전을 도모하지만, G는 D를 고맙게 여기면서도 불만스러워 하고 D 역시 느끼는 보람이 작아서 매끄럽지 않다. 의기투합의 결과는 G를 위한 방안으로 귀결되는 경우가 많다.

교제가 시작되면 두 사람의 호흡이 잘 맞는다. 시종일관 D가 리드하지만 교제가 계속되면 G는 벗어날 수 없는 구속감을 느끼고 D로부터 벗어나려고 할 수 있으므로 D는 템포를 조절하는 지혜를 지녀야 한다. D가 여자일 경우 연상의 커플이 될 수 있다. 간간이 사소한 다툼은 있지만 D의 잔소리로 인한 것일 수 있다. 싸움이 벌어지면 결별을 쉽게 여길 수 있으므로 주의가 필요하다.

섹스에 대해서 둘 다 자유로운 감각을 선호하므로 조화가 무난하고, 오르가슴에 대해서 만족한다.

음양이 조화되는 g·D의 만남이 합심하여 부귀를 얻을 수 있는 최상의 궁합이고, G·D와 g·d는 보통이며, G·d는 d의 희생이 수반되어 모두에게 불리한 궁합이다.

G로부터 정이 생겨 나와 자연스럽게 E에게 흐르는 다정한 만남이다. 처음부터 서로를 이해하고 급속하게 진전된다. 열정적인 G가 일관되게 지원을 하여 E의 성장과 발전을 도모한다. E는 G를 고맙게 여기며 은혜를 갚으려 성심을 다한다. 서로에 대한 이해심이 좋아 의기투합하며, 조화의 결과는 E를 위한 방안으로 귀결되는 경우가 많다. G의 양보와 일방적인 지원은 E에게 의타심을 조장하여 자립심과 책임감의 결여를 초래할 수 있으니 과도한 지원은 이롭지 않다. 외견상으로 잘 어울리는 만남이기 때문에 남들의 부러움을 산다. 교제가 시작되면 두 사람의 호흡이 잘 맞는다. 시종일관 G가 리드하지만 교제가 계속되면 E는 벗어날 수 없는 구속감을 느끼고 G로부터 벗어나려고 할 수 있으므로 G는 템포를 조절하는 지혜를 지녀야 한다. 간간이 사소한 다툼은 있지만 G의 잔소리로 인한 것일 수 있다. 싸움도 G가 걸고, 신속한 화해도 G가 청하면서 무난하게 사랑을 이어갈 수 있다.

섹스에 대한 조화가 무난하고, 둘 다 오르가슴에 대한 불만이 없다.

음양이 조화되는 G·e의 만남이 합심하여 부귀를 얻을 수 있는 최상의 궁합이고, G·E와 g·e는 보통이며, g·E는 g의 지원이 도리어 E에게는 발전의 지장을 초래하고 g에게는 원망을 주게 되어 두 사람 모두에게 불리한 궁합이다.

열정이 넘치는 멋쟁이들의 자유분방한 만남이다. 열정적이고 솔직한 분위기를 좋아하지만 초지일관하는 마음과 성실함은 부족하다. 그래서 감정이 변하기 쉽고 안정적인 측면 역시 부족하므로 감정의 조절이 필요하다. 상황에 대해 느끼는 감정이 비슷하여 양보를 방해하고 간혹 장기적인 다툼을 유발하기도 하지만 어느 정도 상대방에 대한 배려심을 갖고 있으므로 시간이 흐르면 관계가 서서히 회복된다. 교제가 시작되면 두 사람의 호흡이 잘 맞는다. 처음에는 서로를 탐색하면서 남성이 리드하지만 교제가 계속되면 주도권을 주고받게 된다. 성격이 비슷해 보이면서도 개성이 약간 다르기 때문에 관계를 진전시킬만한 계기를 쉽게 만들어 간다. 시간이 지나도 상대방에게 지루함을 느끼지 않고 항상 변함없이 순발력 있게 대처하므로 무난하게 관계를 유지할 수 있다.

두 사람의 정력이 좋고, 탐구심이 많아 다양한 체위를 즐기며, 만족할만한 오르가슴을 느낀다.

음양이 조화되는 $g \cdot F$, $G \cdot f$와 협동을 이룰 수 있는 $g \cdot f$의 만남은 진정한 동반자로서의 보완적 관계가 되어 부귀를 얻을 수 있는 좋은 궁합이다. $G \cdot F$의 경우는 시간이 지나면서 경쟁적인 관계가 부각되므로 좋은 궁합이라고 할 수 없으며 부귀의 손상도 가져올 수 있으므로 사랑하는 마음과 믿음이 많이 요구된다.

열정이 넘치는 멋쟁이들의 자유분방한 만남이다. 열정적이고 솔직한 분위기를 좋아하지만 초지일관하는 마음과 성실함은 열정에 비해 많이 부족하다. 그래서 감정이 변하기 쉽고 안정적인 측면 역시 부족하므로 갈등을 쉽게 초래하고 다투기도 잘한다. 상황에 대해 느끼는 감정이 비슷하고 순수하여 양보를 방해하고 간혹 다툼을 벌리면 상대방을 굴복시키기 위해 폭력을 행사하거나 격렬한 표현을 융단폭탄 하듯이 퍼부어 대기 때문에 서로에게 심한 상처를 줄 수 있다. 다툼이 끝나면 후회하게 되므로 감정을 자제하는 지혜가 많이 필요하다. 교제가 시작되면 두 사람의 호흡이 잘 맞는다. 처음부터 솔직하게 접근하며 남성이 리드를 시작하지만 교제가 계속되면 주도권을 주고받게 된다. 둘 다 외향적인 면이 강해서 관계를 진전시킬만한 계기를 만들기 쉽다. 항상 상대방이 지루하게 느끼지 않도록 하기 위해 새로운 모습을 보여주려는 열정이 넘친다.

성적으로 자유로운 걸 좋아하는 두 사람의 취향이 비슷하기 때문에 무난하고, 둘 다 오르가슴을 잘 느낀다.

음양이 조화되는 G·g, 그리고 협동을 이룰 수 있는 g·g의 만남은 좋은 궁합이지만 G·G의 경우는 시간이 지나면서 경쟁적인 관계가 부각되고 부귀의 손상도 가져올 수 있으므로 사랑하는 마음과 믿음이 많이 요구되는 궁합이다.

처음 만나는 순간부터 강한 느낌이 두 사람을 감싸 안고 관계가 급진적으로 발전하여 짧은 시간 안에 강한 연대감을 갖게 될 가능성이 많은 만남이다. 사랑의 감정은 G로부터 생겨나 발전하지만 마지막에는 듬직한 H의 사랑이 G에게로 향한다. G는 H를 더없이 고맙게 여기고, H 역시 G를 지원하면서 느끼는 보람과 행복감이 매우 크다. 간혹 다투지만 이는 지극한 사랑싸움일 경우가 많다. 완벽하게 만족스러운 의기투합이 이루어지며, 그 결과는 대개 G에게 만족스러운 쪽으로 귀결되는 경우가 많다. 간혹 G에게 의타심을 조장할 수 있다. H가 남자일 경우 파트너에 대한 사랑이 집착으로 발전함으로써 아픔을 얻을 수 있으니 템포를 조절하는 지혜가 필요하다. 교제가 시작되면 두 사람의 호흡이 잘 맞는다. 시종일관 G가 리드하고 서로가 필요한 파트너라는 것을 인식하고 있기 때문에 다투거나 의견충돌이 있더라도 어지간해서는 결별하지 않는다. 두 사람은 눈빛만 봐도 상대방의 심중을 헤아릴 수 있을 정도로 상대방에 대한 이해의 폭이 크다.

섹스에 대해서도 의기투합하여 두 사람 모두 다양하고 적극적인 성향을 보이고, 둘 다 강한 오르가슴을 느끼게 된다.

g · H의 만남이 합심하여 부귀를 얻을 수 있는 최상의 궁합이고, G · H와 g · h는 보통이며, G · h는 h의 지원이 도리어 G의 발전의 지장을 초래하고 h에게는 원망을 주게 된다.

G는 열정적이며 솔직한 반면 I는 냉철하고 날카롭기 때문에 상반된 기질로 인해 사사건건 의견이 충돌하고 갈등을 많이 겪게 되는 만남이다. 특히 G가 남자일 경우에 부정적인 성향이 강하게 나타난다. 교제가 성숙된 다음에도 결별할 수 있으므로 가능하면 큰 다툼을 피하는 것이 좋다.

섹스에 대해 둔감한 I에 대해 G는 불만이 많고, 그 불만은 오르가슴에까지 연결된다.

G·I의 만남은 합심하면 부귀를 얻을 수 있는 좋은 궁합이다. I의 차가운 감성을 일깨우는데 G가 적극적으로 나서기 때문에 의기투합하며, G의 쓴 충고는 항상 좋은 결과를 가져다주므로 I는 G의 의견을 존중하게 된다. G가 남자일 경우에 G는 더욱 남자다워 보이고 I는 여성다운 기질이 더 원활하게 표출되어 외견상으로도 잘 어울리며, G의 리드를 I가 잘 수용하며 따른다. 교제가 시작되면 시종일관 G가 리드하지만 시간이 지나면 I가 답답해할 수 있음을 G는 유념해야 한다. 다툼의 결과는 항상 G의 일방적인 승리로 끝나지만 I의 마음속에는 갈등의 잔재가 남아 있을 수 있으니 다정한 어루만짐도 필요하다.

g·I와 g·i는 보통이고, G·i는 G의 강한 기질이 i의 가슴에 골이 깊은 상처와 원망을 줄 수 있기 때문에 두 사람 모두에게 불리하니 권하기 힘든 궁합이다.

G의 열정적이고 솔직한 기질과 J의 날카롭고 냉철한 기질이 충돌하여 조화를 이루지 못하고 사사건건 극단적인 의견차이로 인해 굴곡과 갈등을 많이 겪게 되는 만남이다. 특히 J가 여자일 경우에 부정적인 성향이 강하게 나타난다. 교제가 성숙된 다음에도 결별할 수 있으니 가능하면 다툼을 피하고 조화를 이루기 위해 노력하는 것이 좋다.

섹스에 대해서 둔감한 J에 대해 G는 불만이 많으며, 오르가슴에 대해서도 G의 불만이 더 크다.

드물지만 G · J 두 사람이 크게 합심하고 양보하여 어느 정도의 부귀를 얻는 경우가 있다. G의 지나치게 순수한 열정으로 J의 차가움을 녹여주며 보완해 주기 때문에 J는 G의 의견을 존중하고 따르면 반드시 큰 이익이 있게 된다. G가 남자일 경우 J의 기질이 점진적으로 표출되어 여성스러운 면이 돋보이지만, 의견충돌로 다투는 경우는 많다. 교제가 시작되면 시종일관 G가 리드하려고 하지만 시간이 지나면 J가 주도권을 쥘 수도 있다. J가 주도권을 잡지 못하면 답답해하며 결별을 생각할 수 있으므로 항상 J에 대해 배려해야 한다. 다툼의 결과는 항상 G의 일방적인 승리로 끝나므로 상처를 입은 J의 마음을 다정하게 감싸 안아 줄 필요도 있다.

g · J와 g · j는 보통이고, G · j는 서로에게 원망을 줄 수 있기 때문에 모두에게 불리하니 권하기 힘든 궁합이다.

처음엔 G로부터 정이 생겨 나와 K에게 흐르지만 시간이 지나면 K의 사랑이 G에게로 귀착한다. 두 사람은 처음부터 서로를 이해하고 급속하게 진전된다. 열정이 넘치는 G가 보수적인 K를 설득하고, G는 헌신적인 지원을 아끼지 않으므로 서로는 서로를 고맙게 여기며 은혜를 갚으려 성심을 다하는 최상의 만남이다. 서로에 대한 이해심이 좋아 의기투합하며, 조화의 결과는 모두를 위한 방안으로 귀결되는 경우가 많다. 서로가 양보하고 지원하니 진정한 공동운명체를 이룰 수 있다. 외견상으로 잘 어울리는 화려한 만남이기 때문에 남들의 부러움을 산다. 교제가 시작되면 두 사람의 호흡이 잘 맞는다. 시종일관 G가 리드하지만 그 결과가 항상 만족스럽기 때문에 K는 조금도 불만이 없을 뿐 아니라 적극적으로 호응을 하게 된다. 어지간해서는 다투지 않지만, 간혹 발생하는 다툼은 사랑싸움일 경우가 많다. G가 먼저 화해를 청하는 경우가 많지만 좀처럼 내색을 하지 않는 K 역시 화해하고자 하는 마음이 크다.

섹스에 대해서 열정적이고 탐구적이고 G의 요구를 K가 잘 수용하므로 조화가 무난하고, 큰 오르가슴을 공유한다.

g·K의 만남이 합심하여 부귀를 얻을 수 있는 최상의 궁합이고, G·K와 g·k는 보통이며, G·k는 k에게 원망을 주게 되어 불리한 궁합이다.

둘 다 자유분방하지만 G는 감성적인 반면 L은 이성적이기 때문에 상반된 기질로 인해 사사건건 의견이 충돌하고 갈등을 많이 겪게 되는 만남이다. 특히 G가 여자일 경우에 부정적인 성향이 강하게 나타난다. 교제가 성숙된 다음에도 결별할 수 있으므로 가능하면 큰 다툼을 피하는 것이 좋다.

섹스에 대한 두 사람의 취향이 달라 G의 불만이 많고, 오르가슴에 대해서도 G는 불만이 있다.

G · L의 만남은 합심하여 부귀를 얻을 수 있는 최상의 궁합이다. G의 급하고 감정적인 성격을 L은 이성적으로 보완해 주기 때문에 의기투합하며, L의 쓴 충고는 항상 달콤한 결과를 가져다주므로 G는 L의 의견을 존중하게 된다. L이 남자일 경우 G의 여성다운 기질이 더 원활하게 표출되어 외견상으로도 서로에게 잘 어울리며, G를 능수능란하게 리드할 수 있다. 교제가 시작되면 시종일관 L이 리드하지만 시간이 지나면 G가 답답해할 수 있으므로 L은 G에 대한 배려를 아끼지 말아야 한다. 다툼의 결과는 항상 L의 일방적인 승리로 끝나지만 G의 마음속에는 큰 갈등의 잔재가 남아 있을 수 있으니 다정한 어루만짐이 필요하다.

G · ℓ과 g · ℓ은 보통이고, g · L은 L의 냉정한 기질이 g의 감성적인 가슴에 골이 깊은 상처와 원망을 줄 수 있기 때문에 두 사람 모두에게 불리하니 권하기 힘든 궁합이다.

H의 철두철미하고 보수적인 기질과 A의 이성적이고 자유분방한 기질이 충돌하여 조화를 이루지 못하고 사사건건 극단적인 의견차이로 인해 굴곡과 갈등을 많이 겪게 되는 만남이다. 특히 A가 여자일 경우에 부정적인 성향이 강하게 나타난다. 교제가 성숙된 다음에도 결별할 수 있으니 가능하면 교제 초기에 결별을 하는 것이 좋다.

섹스에 대해서 둔감한 H에 대해 A는 불만이 많으며, 오르가슴에 대해서는 둘 다 불만을 갖게 된다.

드물지만 H · A 두 사람이 크게 합심하고 양보하여 어느 정도의 부귀를 얻는 경우가 있다. A의 급하고 자유분방한 기질을 H가 철두철미함으로 보완해 주기 때문에 A는 H의 의견을 존중하고 따르면 반드시 큰 이익이 있게 된다. H가 남자일 경우 A의 기질이 점진적으로 표출되어 여성스러운 면이 돋보이지만, 의견충돌로 다투는 경우는 많다. 교제가 시작되면 처음에는 A가 리드하지만 시간이 지나면 H가 주도권을 쥔다. 시간이 지남에 따라 A가 답답해하며 결별을 생각할 수 있으므로 항상 A에 대해 배려해야 한다. 다툼의 결과는 항상 H의 일방적인 승리로 끝나므로 상처를 입은 A의 마음을 다정하게 감싸 안아 줄 필요도 있다.

h · A와 h · a는 보통이고, H · a는 서로에게 원망을 줄 수 있기 때문에 모두에게 불리하니 권하기 힘든 궁합이다.

지극히 보수적이고 변화를 싫어하는 만남이다. 가치관과 느끼는 감정이 비슷하므로 동감하는 부분이 많지만 서로를 이해하는 데는 인색하다. 강한 고집을 내세워 사소한 일에도 충돌하며 다툼의 양상이 극렬할 수 있으니 각별한 애정이 없다면 교제초기에 결별하는 게 좋다.

성적으로 두 사람의 취향이 비슷하기 때문에 무난하지만, 오르가슴을 느끼는 정도는 둘 다 약하다.

음양이 교차하는 h·B와 H·b의 만남은 무난한 경우가 있지만 다툼과 갈등은 항상 내포하고 있다. 교제가 시작되면 두 사람의 호흡이 잘 맞고, B나 H가 리드하지만 교제가 계속되면 주도권을 주고받는다. 그러나 둘 다 내향적이라서 쉽게 지루함을 느끼게 되어 매끄럽지 않은 관계가 될 수 있다. 평소에는 감정표현을 자제하고 지내므로 외면상으로는 아무런 일이 없는 듯 안정되게 지내지만 내심에는 숨어있는 갈등이 많고, 한 번 상처를 받으면 오래 가기 때문에 시간이 많이 흐른 뒤에도 지난 일을 끄집어내서 다투는 경우가 많다. 사이가 좋다가도 틀어지면 격하게 다투며 끝장을 보려고 하기 때문에 감정표현이 지나치게 되니 양보와 이해의 미덕이 필요하다.

h·b는 보통이고, 음양이 교차하지 않는 H·B의 만남은 시간이 지나면서 경쟁적인 관계가 부각되고 부귀의 손상도 가져올 수 있으므로 권할만한 궁합이 못된다.

H는 보수적이고 과거지향적인 반면 C는 새로운 것을 좋아하고 미래지향적이기 때문에 상반된 기질로 인해 사사건건 의견이 충돌하고 갈등을 많이 겪게 되는 만남이다. 특히 H가 여자일 경우에 부정적인 성향이 강하게 나타난다. 교제가 성숙된 다음에도 결별할 수 있으므로 가능하면 큰 다툼을 피하는 것이 좋다.

섹스에 대해 둔감한 H에 대해 C는 불만이 많고, 그 불만은 오르가슴에까지 연결된다.

음양이 조화되는 H·C의 만남은 합심하면 부귀를 얻을 수 있는 좋은 궁합이다. H의 굳어있는 감성을 일깨우는데 C가 적극적으로 나서기 때문에 의기투합하며, C의 쓴 충고는 항상 좋은 결과를 가져다주므로 H는 C의 의견을 존중하게 된다. C가 남자일 경우 H의 여성다운 기질이 더 원활하게 표출되어 외견상으로도 잘 어울리며, H를 잘 리드할 수 있다. 교제가 시작되면 시종일관 C가 리드하지만 시간이 지나면 H가 답답해할 수 있음을 C는 유념해야 한다. 다툼의 결과는 항상 C의 일방적인 승리로 끝나지만 H의 마음속에는 갈등의 잔재가 남아 있을 수 있으니 다정한 어루만짐도 필요하다.

H·c, h·c는 보통이고, h·C는 C의 강한 기질이 h의 가슴에 골이 깊은 상처와 원망을 줄 수 있기 때문에 두 사람 모두에게 불리하니 권하기 힘든 궁합이다.

상반된 기질을 가졌으면서도 조화롭게 지낼 수 있는 만남이다. H는 철두철미하고 보수적인 반면 D는 미래지향적이고 부드럽지만 서로에 대한 이해심이 좋아 의기투합하며, 조화의 결과는 D의 의견으로 귀결되는 경우가 많다. 이럴 경우에 D는 자만심이 증가할 수 있으므로 자신의 의견과 다른 E의 의견을 진정한 충고로 받아들이는 지혜로움이 필요하다. D가 남자일 경우 외견상으로도 서로에게 잘 어울리며, D에 대한 이해심도 훨씬 더 크고 성심으로 지원하게 된다. 교제가 시작되면 두 사람의 호흡이 잘 맞는다. 시종일관 D가 리드하게 되지만 교제가 계속되면서 H는 D에게 주도권을 너무 많이 빼앗기고 끌려 다닌다는 기분을 가질 수 있으므로 D는 H에 대한 배려를 아끼지 말아야 한다. 간간이 사소한 다툼은 있지만 서로가 화해를 청하는데 익숙하므로 갈등이 오래가지는 않는다. 사랑이 이루어지면 끈끈한 정으로 인해 어지간해서는 결별하지 않는다.

섹스에 대해서도 D가 주도하고 H는 잘 따르므로 안정감이 있어 무난하고, 둘 다 느끼는 오르가슴에 만족한다.

음양이 조화되는 H·d의 만남이 합심하여 부귀를 얻을 수 있는 최상의 궁합이고, H·D와 h·d는 보통이며, h·D는 h의 희생과 D의 원망이 교차되어 두 사람 모두에게 불리하니 권하기 힘든 궁합이다.

보수적이고 변화를 싫어하는 만남이다. 가치관과 느끼는 감정이 비슷하므로 동감하는 부분이 많고 서로를 잘 이해하므로 쉽게 가까워진다. 그러나 기질의 유사점은 무조건적인 긍정을 유발하여 현명한 판단을 하는데 지장을 주고, 상대방에 대한 양보를 방해하여 자주 다투게 만든다. 내심에 갈등과 상처가 있기 때문에 사이가 좋다가도 틀어지면 격하게 다투게 된다. 교제가 시작되면 두 사람의 호흡이 잘 맞는다. 처음에는 서로를 탐색하면서 남자가 리드하지만 교제가 계속되면 주도권을 주고받는다. 둘 다 내심을 드러내지 않는 기질이 있어 관계를 진전시킬만한 계기를 만들기 쉽지 않지만 성격이 비슷해 보이면서도 개성이 약간 다르기 때문에 상황에 따라 누군가가 적극적으로 나서게 된다. 시간이 지나면 상대방에게 지루함을 느끼게 되고 다투기도 잘하여 매끄럽지 않은 관계가 될 수 있다.

두 사람의 성적 취향이 비슷하여 무난하며, 오르가슴을 느끼는 정도는 강하지 않지만 피차 불만이 없다.

음양이 조화되는 h·E와 H·e, 협동을 이룰 수 있는 h·e의 만남은 보완적 관계가 되어 부귀를 얻을 수 있는 좋은 궁합이다. H·E의 경우는 시간이 지나면서 경쟁적인 관계가 부각되므로 좋은 궁합이라고 할 수 없으며 부귀의 손상도 가져올 수 있으므로 사랑하는 마음과 믿음이 많이 요구된다.

보기 드물게 좋은 궁합이다. F로부터 정이 생겨 나와 자연스럽게 H에게 흐른다. 개성이 강한 두 사람이 처음부터 서로를 이해하고 급속하게 진전된다. 열정이 넘치는 F가 보수적인 H를 설득하여 상호 헌신적인 지원을 하며 성장과 발전을 거듭한다. 서로는 서로를 고맙게 여기며 은혜를 갚으려 성심을 다하는 최상의 만남이다. 서로에 대한 이해심이 좋아 의기투합하며, 조화의 결과는 모두를 위한 방안으로 귀결되는 경우가 많다. 서로가 양보하고 지원하니 진정한 공동운명체를 이룰 수 있다. 외견상으로 잘 어울리는 화려한 만남이기 때문에 남들의 부러움을 산다. 교제가 시작되면 두 사람의 호흡이 잘 맞는다. 시종일관 F가 리드하지만 그 결과가 항상 만족스럽기 때문에 H는 조금도 불만이 없을 뿐 아니라 적극적으로 호응을 하게 된다. 어지간해서는 다투지 않지만, 간혹 발생하는 다툼은 사랑싸움일 경우가 많다. F가 먼저 화해를 청하는 경우가 많지만 좀처럼 내색을 하지 않는 H 역시 화해하고자 하는 마음이 크다.

섹스에 대해서 열정적이고 탐구적이고 F의 요구를 H가 잘 수용하므로 조화가 무난하고, 큰 오르가슴을 공유한다.

H · f의 만남이 합심하여 부귀를 얻을 수 있는 최상의 궁합이고, h · F와 H · F는 보통이며, h · f는 f에게 원망을 주게 되어 불리하니 주의가 필요한 궁합이다.

처음 만나는 순간부터 강한 느낌이 두 사람을 감싸 안고 관계가 급진적으로 발전하여 짧은 시간 안에 강한 연대감을 갖게 될 가능성이 많은 만남이다. 사랑의 감정은 G로부터 생겨나 발전하지만 마지막에는 듬직한 H의 사랑이 G에게로 향한다. G는 H를 더없이 고맙게 여기고, H 역시 G를 지원하면서 느끼는 보람과 행복감이 매우 크다. 간혹 다투지만 이는 지극한 사랑싸움일 경우가 많다. 완벽하게 만족스러운 의기투합이 이루어지며, 그 결과는 대개 G에게 만족스러운 쪽으로 귀결되는 경우가 많다. 간혹 G에게 의타심을 조장할 수 있다. H가 남자일 경우 파트너에 대한 사랑이 집착으로 발전함으로써 아픔을 얻을 수 있으니 템포를 조절하는 지혜가 필요하다. 교제가 시작되면 두 사람의 호흡이 잘 맞는다. 시종일관 G가 리드하고 서로가 필요한 파트너라는 것을 인식하고 있기 때문에 다투거나 의견충돌이 있더라도 어지간해서는 결별하지 않는다. 두 사람은 눈빛만 봐도 상대방의 심중을 헤아릴 수 있을 정도로 상대방에 대한 이해의 폭이 크다.

섹스에 대해서도 의기투합하여 두 사람 모두 다양하고 적극적인 성향을 보이고, 둘 다 강한 오르가슴을 느끼게 된다.

H · g의 만남이 합심하여 부귀를 얻을 수 있는 최상의 궁합이고, H · G와 h · g는 보통이며, h · G는 h의 지원이 도리어 G의 발전의 지장을 초래하고 h에게는 원망을 주게 된다.

보수적이고 변화를 싫어하는 만남이다. 가치관과 느끼는 감정이 비슷하므로 동감하는 부분이 많고 서로를 잘 이해하지만 기질의 유사점은 양보를 방해하여 간혹 장기적인 다툼을 유발하게 되므로 주의를 해야 한다. 둘 다 인내심이 많아서 평소에는 감정표현을 자제하고 지내므로 외면상으로는 아무런 일이 없는 듯 안정되게 지내지만 내심에는 숨어있는 갈등이 많고, 한 번 상처를 받으면 오래가기 때문에 시간이 많이 흐른 뒤에도 지난 일을 끄집어내서 다투는 경우가 많다. 사이가 좋다가도 틀어지면 격하게 다투며 끝장을 보려고 하기 때문에 감정표현이 지나치게 된다. 교제가 시작되면 두 사람의 호흡이 잘 맞는다. 처음에는 서로를 탐색하면서 남성이 리드하지만 교제가 계속되면 여성이 리드하게 된다. 그러나 둘 다 내향적이라서 관계를 진전시킬만한 계기를 만들기 어렵다. 상대방에게 지루함을 느끼게 되어 매끄럽지 않은 관계가 될 수 있다.

성적으로 두 사람의 취향이 비슷하기 때문에 무난하지만, 오르가즘을 느끼는 정도는 둘 다 약하다.

음양이 조화되는 H·h, 그리고 협동을 이룰 수 있는 h·h의 만남은 좋은 궁합이지만 H·H의 경우는 시간이 지나면서 경쟁적인 관계가 부각되고 부귀의 손상도 가져올 수 있으므로 사랑하는 마음과 믿음이 많이 요구되는 궁합이다.

H로부터 정이 생겨 나와 자연스럽게 I에게 흐르는 다정한 만남이다. 처음부터 서로를 이해하고 급속하게 진전된다. 듬직한 H가 냉철한 I를 일관되게 지원을 하여 I의 성장과 발전을 도모한다. I는 H를 고맙게 여기며 은혜를 갚으려 성심을 다한다. 서로에 대한 이해심이 좋아 의기투합하며, 조화의 결과는 I를 위한 방안으로 귀결되는 경우가 많다. H의 양보와 일방적인 지원은 I에게 의타심을 조장하여 자립심과 책임감의 결여를 초래할 수 있으니 과도한 지원은 이롭지 않다. 외견상으로 잘 어울리는 만남이기 때문에 남들의 부러움을 산다. 교제가 시작되면 두 사람의 호흡이 잘 맞는다. 시종일관 H가 리드하지만 교제가 계속되면 I는 벗어날 수 없는 구속감을 느끼기도 하고 H로부터 벗어나려고도 할 수 있으므로 H는 템포를 조절하는 지혜를 지녀야 한다. 간간이 사소한 다툼은 있지만 사랑싸움일 수 있고, 서로에게 한 번 사랑으로 이루어지고 나면 어지간해서는 결별하지 않는 일편단심이 있다.

섹스에 대한 조화가 무난하고, 둘 다 만족스러운 오르가슴을 느끼게 된다.

H · I의 만남이 합심하여 부귀를 얻을 수 있는 최상의 궁합이고, H · i, h · i는 보통이며, h · I는 h의 지원이 도리어 I에게는 발전의 지장을 초래하고 h에게는 원망을 주게 되어 두 사람 모두에게 불리한 궁합이다.

처음부터 서로를 이해하고 급속하게 진전된다. H로부터 정이 생겨 나와 자연스럽게 J에게 흐르는 다정한 만남이다. 듬직한 H가 냉철한 I를 지원하여 J의 성장과 발전을 도모하지만 J는 H를 고맙게 여기면서도 불만은 있다. H 역시 J를 성원하면서 느끼는 보람은 작기 때문에 매끄럽지 못한 관계가 된다. 서로에 대한 이해심이 좋아 의기투합하며, 조화의 결과는 J를 위한 방안으로 귀결되는 경우가 많다. H의 양보와 일방적인 지원은 J에게 의타심을 조장하니 과도한 지원은 이롭지 않다. 외견상으로 잘 어울리는 만남이기 때문에 남들의 부러움을 산다. 교제가 시작되면 두 사람의 호흡이 잘 맞는다. 시종일관 H가 리드하지만 교제가 계속되면 J는 벗어날 수 없는 구속감을 느끼고 H로부터 벗어나려고 할 수 있으므로 H는 템포를 조절하는 지혜를 지녀야 한다. H가 여자라면 연상의 커플이 될 수 있다. 간간이 사소한 다툼은 있지만 H의 잔소리로 인한 것일 수 있다.

섹스에 대한 조화가 무난하고, 둘 다 오르가슴에 대한 불만이 없다.

음양이 조화되는 H · j의 만남이 합심하여 부귀를 얻을 수 있는 최상의 궁합이고, H · J와 h · j는 보통이며, h · J는 h의 지원이 도리어 J에게는 발전의 지장을 초래하고 h에게는 원망을 주게 되어 두 사람 모두에게 불리한 궁합이다.

지극히 보수적이고 변화를 싫어하는 만남이다. 가치관과 느끼는 감정이 비슷하므로 동감하는 부분이 많지만 서로를 이해하는 데는 인색하다. 강한 고집을 내세워 사소한 일에도 충돌하며 다툼의 양상이 극렬할 수 있으니 각별한 애정이 없다면 교제초기에 결별하는 게 좋다.

성적으로 두 사람의 취향이 비슷하기 때문에 무난하지만, 오르가슴을 느끼는 정도는 둘 다 약하다.

음양이 교차하는 H·k와 h·K의 만남은 무난한 경우가 있지만 다툼과 갈등은 항상 내포하고 있다. 교제가 시작되면 두 사람의 호흡이 잘 맞고, H나 K가 리드하지만 교제가 계속되면 주도권을 주고받는다. 그러나 둘 다 내향적이라서 쉽게 지루함을 느끼게 되어 매끄럽지 않은 관계가 될 수 있다. 평소에는 감정표현을 자제하고 지내므로 외면상으로는 아무런 일이 없는 듯 안정되게 지내지만 내심에는 숨어있는 갈등이 많고, 한 번 상처를 받으면 오래가기 때문에 시간이 많이 흐른 뒤에도 지난 일을 끄집어내서 다투는 경우가 많다. 사이가 좋다가도 틀어지면 격하게 다투며 끝장을 보려고 하기 때문에 감정표현이 지나치게 되니 양보와 이해의 미덕이 필요하다.

h·k는 보통이고, 음양이 교차하지 않는 H·K의 만남은 시간이 지나면서 경쟁적인 관계가 부각되고 부귀의 손상도 가져올 수 있으므로 권할만한 궁합이 못된다.

상반된 기질을 가졌으면서도 조화롭게 지낼 수 있는 만남이다. H는 철두철미하고 보수적인 반면 L은 이성적이고 자유분방하지만 서로에 대한 이해심이 좋아 양보하고 의기투합하며, 조화의 결과는 서로에게 이로운 절충점으로 귀결되는 경우가 많다. 상대방의 기질을 잘 이해하고 포용하여 유연하게 만들어주는 등 서로의 장점을 수용하여 의기투합하는 조화로운 지혜가 있기 때문이다. 처음에 봤을 때는 의견의 차이가 많고 어울릴 것 같지 않은 사람들이지만 교제가 시작되면 두 사람은 호흡을 조절하면서 천천히 관계를 진전시키다가 밀도 있게 사랑을 만들어 간다. 처음에는 H가 리드하지만 교제가 계속되면 주도권을 주고받는다. H가 남자라면 믿음직스러운 남편과 자상한 아내의 커플이 된다. 다투는 경우가 드물고, L의 잔소리로 인해 다투더라도 서로에게 큰 상처는 주지 않으며, 곧바로 H가 화해의 손을 내밀어 관계를 회복시킨다. 한번 사랑이 이루어지고 나면 끈끈한 정으로 인해 어지간해서는 결별하지 않는다.

섹스에 대한 두 사람의 취향이 비슷하기 때문에 무난하며, 둘 다 오르가슴에 대해서는 불만이 없다.

H · L의 만남이 합심하여 부귀를 얻을 수 있는 최상의 궁합이고, H · ℓ 과 h · L은 보통이며, h · ℓ 은 서로에게 희생과 원망을 주므로 두 사람에게 불리하니 권하기 힘든 궁합이다.

I로부터 정이 생겨 나와 자연스럽게 A에게 흐르는 다정한 만남이다. 처음부터 서로를 이해하고 급속하게 진전된다. 이성적이고 자유분방한 A가 I의 헌신적인 지원을 받아 성장과 발전을 거듭한다. A는 I를 고맙게 여기며 은혜를 갚으려 성심을 다한다. 서로에 대한 이해심이 좋아 의기투합하며, 조화의 결과는 A를 위한 방안으로 귀결되는 경우가 많다. I의 양보와 일방적인 지원은 A에게 의타심을 조장하여 자립심과 책임감의 결여를 초래할 수 있으니 과도한 지원은 이롭지 않다. 외견상으로 잘 어울리는 만남이기 때문에 남들의 부러움을 산다. 교제가 시작되면 두 사람의 호흡이 잘 맞는다. 시종일관 I가 리드하지만 교제가 계속되면 A는 벗어날 수 없는 구속감을 느끼고 I로부터 벗어나려고 할 수 있으므로 I는 템포를 조절하는 지혜를 지녀야 한다. 간간이 사소한 다툼은 있지만 I의 잔소리로 인한 것일 수 있다. 싸움도 I가 걸고, 신속한 화해도 I가 청하면서 무난하게 사랑을 이어갈 수 있다.

섹스에 대한 조화가 무난하고, 둘 다 만족스러운 오르가슴을 얻을 수 있게 된다.

음양이 조화되는 I·a의 만남이 합심하여 부귀를 얻을 수 있는 최상의 궁합이고, I·A와 i·a는 보통이며, i·A는 i의 지원이 도리어 A에게는 발전의 지장을 초래하고 i에게는 원망을 주게 되어 두 사람 모두에게 불리한 궁합이다.

B로부터 정이 생겨 나와 자연스럽게 I에게 흐르는 다정한 만남이다. 처음부터 서로를 이해하고 급속하게 진전된다. 듬직한 B가 냉철한 I를 일관되게 지원을 하여 I의 성장과 발전을 도모한다. I는 B를 고맙게 여기며 은혜를 갚으려 성심을 다한다. 서로에 대한 이해심이 좋아 의기투합하며, 조화의 결과는 I를 위한 방안으로 귀결되는 경우가 많다. B의 양보와 일방적인 지원은 I에게 의타심을 조장하여 자립심과 책임감의 결여를 초래할 수 있으니 과도한 지원은 이롭지 않다. 외견상으로 잘 어울리는 만남이기 때문에 남들의 부러움을 산다. 교제가 시작되면 두 사람의 호흡이 잘 맞는다. 시종일관 B가 리드하지만 교제가 계속되면 I는 벗어날 수 없는 구속감을 느끼고 B로부터 벗어나려고 할 수 있으므로 B는 템포를 조절하는 지혜를 지녀야 한다. 간간이 사소한 다툼은 있지만 B의 잔소리로 인한 것일 수 있다. 싸움도 B가 걸고, 신속한 화해도 B가 청하면서 무난하게 사랑을 이어갈 수 있다.

섹스에 대한 조화가 무난하고, 둘 다 오르가슴에 대한 불만이 없다.

음양이 조화되는 i · B의 만남이 합심하여 부귀를 얻을 수 있는 최상의 궁합이고, I · B와 i · b는 보통이며, I · b는 b의 지원이 도리어 I에게는 발전의 지장을 초래하고 b에게는 원망을 주게 되어 두 사람 모두에게 불리한 궁합이다.

　I는 냉철하지만 C는 부드럽고 유연하다. 상반된 기질이므로 조화가 될 수도 있으련만 서로의 성격 중 강한 부분들로 인해 사사건건 의견이 충돌하고 갈등을 많이 겪게 되는 만남이다. 특히 C가 여자일 경우에 부정적인 성향이 강하게 나타난다. 교제가 성숙된 다음에도 결별할 수 있으니 가능하면 교제 초기에 결별을 하는 것이 좋다.

　섹스에 대한 두 사람의 취향이 달라 불만이며, 오르가슴에 대해서 C의 불만이 많다.

　음양이 조화되는 I·C의 만남은 두 사람이 크게 합심하고 양보하면 의외로 큰 부귀를 얻을 수 있는 최상의 궁합이다. 하지만 그런 양보를 이루어 낼 가능성은 매우 희박하다. I의 차가운 성격을 C가 부드럽게 감싸주고, C의 경쟁자나 난제(難題)는 I가 해결책을 마련하기 때문에 상호보완적인 역할을 한다. 그러므로 상대의 의견을 존중하고 따르면 반드시 큰 이익이 있다. I가 남자일 경우 C의 여성다운 기질이 더 원활하게 표출되어 멋진 커플로 보이지만, 의견충돌로 인해 극렬하게 다투는 경우가 많다. 교제는 시종일관 I가 리드하고, 다툼의 결과도 항상 I의 일방적인 승리로 끝나므로 시간이 지나면 C가 답답해하며 결별을 생각할 수 있으니 주의해야 한다.

　i·C와 i·c는 보통이고, I·c는 서로에게 원망을 줄 수 있기 때문에 모두에게 불리하니 권하기 힘든 궁합이다.

부드럽고 유연한 D의 기질과 냉철하고 단호한 I의 기질이 충돌하여 조화를 이루지 못하고 사사건건 극단적인 의견차이로 인해 굴곡과 갈등을 많이 겪게 되는 만남이다. 특히 D가 여자일 경우에 부정적인 성향이 강하게 나타난다. 교제가 성숙된 다음에도 결별할 수 있으니 가능하면 교제 초기에 결별을 하는 것이 좋다.

섹스에 대해서 둔감한 I에 대해 D는 불만이 많으며, 오르가슴에 대해서도 D는 불만을 갖게 된다.

드물지만 I·D 두 사람이 크게 합심하고 양보하여 어느 정도의 부귀를 얻는 경우가 있다. 결단을 내리지 못하는 D의 문제를 I가 명쾌하게 해결해 주기 때문에 D는 I의 의견을 존중하고 따르면 반드시 큰 이익이 있게 되지만 그 과정에서 D는 마음의 상처를 입게 될 수 있다. I가 남자일 경우 D의 여성스러운 면이 돋보이지만, 의견충돌로 다투는 경우는 많다. 교제가 시작되면 시종일관 I가 리드하고, 시간이 지남에 따라 D가 답답해하며 결별을 생각할 수 있으므로 항상 D에 대해 배려해야 한다. 다툼의 결과는 항상 I의 일방적인 승리로 끝나므로 상처를 입은 D의 마음을 다정하게 감싸 안아 줄 필요도 있다.

i·D와 i·d는 보통이고, I·d는 서로에게 원망을 줄 수 있기 때문에 모두에게 불리하니 권하기 힘든 궁합이다.

보수적인 성향의 E로부터 정이 생겨 나와 냉철한 기질의 I에게 흐르는 좋은 만남이다. E는 묵묵히 I의 성장과 발전을 지원한다. 처음엔 파트너로 인식하지 못했던 사람이 어느 날 연인이 되어 뜨거운 사랑이 된다. E는 I의 냉정한 기질을 포용하여 유연하게 만들어주는 등 서로의 장점을 수용하여 의기투합하며, 조화의 결과는 둘 다 만족스러운 쪽으로 귀결되는 경우가 많다. 어울릴 것 같지 않은 사람들이지만 교제가 시작되면 두 사람은 호흡을 조절하면서 천천히 관계를 진전시키다가 밀도 있게 사랑을 만들어 간다. 처음에는 E가 리드하지만 교제가 계속되면 I가 주도권을 쥐고 리드하게 된다. 시간이 지나면서 E는 일방적으로 I에게 희생을 당한다는 기분을 가질 수 있고, E의 잔소리로 인해 간간이 사소한 다툼은 있지만 한 번 사랑이 이루어지고 나면 끈끈한 정으로 인해 어지간해서는 결별하지 않는다. E가 여자일 경우 연상의 커플일 수 있다. 다툼이 있고 나면 E가 먼저 손을 내밀어 화해를 청하게 된다.

섹스에 대해서도 취향이 비슷해서 무난하며, 둘 다 오르가슴에 대한 불만이 없다.

I·E와 i·E의 만남이 합심하여 부귀를 얻을 수 있는 최상의 궁합이고, i·e는 무난하며, I·e는 e가 원망을 갖게 되어 두 사람 모두에게 불리하니 권하기 힘든 궁합이다.

　I의 냉철하고 날카로운 기질과 F의 열정적이고 자유분방한 기질이 충돌한다. 다정할 때는 한없이 다정하면서도 대부분은 조화를 이루지 못하고 사사건건 극단적인 의견차이로 인해 파란과 갈등을 많이 겪게 되는 만남이다. 특히 I가 여자일 경우에 부정적인 성향이 강하게 나타난다. 교제가 성숙된 다음에도 결별할 수 있으니 가능하면 교제 초기에 결별을 하는 것이 좋다.

　섹스에 대해서 둔감한 I에 대해 F는 불만이 많으며, 오르가슴에 대해서도 F는 불만을 갖게 된다.

　드물지만 F·I 두 사람이 크게 합심하고 양보하여 어느 정도의 부귀를 얻는 경우가 있다. I의 냉철하고 날카로운 기질을 F가 부드럽고 따뜻하게 감싸주기 때문에 I는 F의 의견을 존중하고 따르면 반드시·큰 이익이 있게 된다. F가 남자일 경우 I의 기질이 점진적으로 표출되어 여성스러운 면이 돋보이지만, 의견이 엇갈리는 경우는 많다. 교제가 시작되면 시종일관 F가 리드하고 I는 순응하는 편이다. F는 능숙하게 H를 리드하는데 간혹 I의 가슴에 상처를 주기도 한다. 다툼의 결과는 대부분 F의 승리로 끝나지만 곧 F가 I를 다정하게 감싸 안아 주기 때문에 상처가 깊지는 않다.

　i·F와 I·f는 보통이고, i·f는 서로에게 원망을 줄 수 있기 때문에 모두에게 불리하니 권하기 힘든 궁합이다.

I는 냉철하고 날카로운 반면 G는 열정적이며 솔직하기 때문에 상반된 기질로 인해 사사건건 의견이 충돌하고 갈등을 많이 겪게 되는 만남이다. 특히 I가 여자일 경우에 부정적인 성향이 강하게 나타난다. 교제가 성숙된 다음에도 결별할 수 있으므로 가능하면 큰 다툼을 피하는 것이 좋다.

섹스에 대해 둔감한 I에 대해 G는 불만이 많고, 그 불만은 오르가슴에까지 연결된다.

G · I의 만남은 합심하면 부귀를 얻을 수 있는 좋은 궁합이다. I의 차가운 감성을 일깨우는데 G가 적극적으로 나서기 때문에 의기투합하며, G의 쓴 충고는 항상 좋은 결과를 가져다주므로 I는 G의 의견을 존중하게 된다. G가 남자일 경우에 G는 더욱 남자다워 보이고 I는 여성다운 기질이 더 원활하게 표출되어 외견상으로도 잘 어울리며, G의 리드를 I가 잘 수용하며 따른다. 교제가 시작되면 시종일관 G가 리드하지만 시간이 지나면 I가 답답해할 수 있음을 G는 유념해야 한다. 다툼의 결과는 항상 G의 일방적인 승리로 끝나지만 I의 마음속에는 갈등의 잔재가 남아 있을 수 있으니 다정한 어루만짐도 필요하다.

I · g와 i · g는 보통이고, i · G는 G의 강한 기질이 i의 가슴에 골이 깊은 상처와 원망을 줄 수 있기 때문에 두 사람 모두에게 불리하니 권하기 힘든 궁합이다.

H로부터 정이 생겨 나와 자연스럽게 I에게 흐르는 다정한 만남이다. 처음부터 서로를 이해하고 급속하게 진전된다. 듬직한 H가 냉철한 I를 일관되게 지원을 하여 I의 성장과 발전을 도모한다. I는 H를 고맙게 여기며 은혜를 갚으려 성심을 다한다. 서로에 대한 이해심이 좋아 의기투합하며, 조화의 결과는 I를 위한 방안으로 귀결되는 경우가 많다. H의 양보와 일방적인 지원은 I에게 의타심을 조장하여 자립심과 책임감의 결여를 초래할 수 있으니 과도한 지원은 이롭지 않다. 외견상으로 잘 어울리는 만남이기 때문에 남들의 부러움을 산다. 교제가 시작되면 두 사람의 호흡이 잘 맞는다. 시종일관 H가 리드하지만 교제가 계속되면 I는 벗어날 수 없는 구속감을 느끼기도 하고 H로부터 벗어나려고도 할 수 있으므로 H는 템포를 조절하는 지혜를 지녀야 한다. 간간이 사소한 다툼은 있지만 사랑싸움일 수 있고, 서로에게 한 번 사랑으로 이루어지고 나면 어지간해서는 결별하지 않는 일편단심이 있다.

섹스에 대한 조화가 무난하고, 둘 다 만족스러운 오르가슴을 느끼게 된다.

I·H의 만남이 합심하여 부귀를 얻을 수 있는 최상의 궁합이고, i·H와 i·h는 보통이며, I·h는 h의 지원이 도리어 I에게는 발전의 지장을 초래하고 h에게는 원망을 주게 되어 두 사람 모두에게 불리한 궁합이다.

　냉정하고 날카로운 사람들의 만남이다. 가치관과 느끼는 감정이 비슷하므로 동감하는 부분이 많고 서로를 잘 이해하지만 기질의 유사점은 양보를 방해하여 간혹 장기적인 다툼을 유발하게 되므로 주의를 해야 한다. 둘 다 인내심이 적어서 감정표현을 자제하지 않으므로 무심코 한 말이 상대의 가슴에 깊은 상처를 줄 수 있고, 외면상으로는 아무런 일이 없는 듯 안정되게 지내다가 시간이 많이 흐른 뒤에도 지난 일을 끄집어내서 다투는 경우가 많다. 사이가 좋다가도 틀어지면 격하게 다투며 끝장을 보려고 하기 때문에 감정표현이 지나치게 된다. 교제가 시작되면 두 사람의 호흡이 잘 맞는다. 처음에는 서로를 탐색하면서 남성이 리드하지만 교제가 계속되면 여성이 리드하게 된다. 그러나 둘 다 열정이 부족하기 때문에 쉽사리 관계를 진전시키려고 하지 않는다. 서로가 상대방을 바라볼 뿐 선뜻 나서려고 하지 않기 때문에 피차 지루함을 느끼게 되어 매끄럽지 않은 관계가 될 수 있다.

　성적으로 두 사람의 취향이 비슷하기 때문에 무난하지만, 오르가슴을 느끼는 정도는 둘 다 약하다.

　음양이 조화되는 I·i, 그리고 협동을 이룰 수 있는 i·i의 만남은 좋은 궁합이지만 I·I의 경우는 시간이 지나면서 경쟁적인 관계가 부각되고 부귀의 손상도 가져올 수 있으므로 사랑하는 마음과 믿음이 많이 요구되는 궁합이다.

냉정하고 날카로운 사람들의 만남이다. 가치관과 느끼는 감정이 비슷하므로 동감하는 부분이 많고 서로를 잘 이해하지만 기질의 유사점은 양보를 방해하여 간혹 장기적인 다툼을 유발하게 되므로 주의를 해야 한다. 둘 다 인내심이 적어서 감정표현을 자제하지 않으므로 무심코 한 말이 상대의 가슴에 깊은 상처를 줄 수 있고, 외면상으로는 아무런 일이 없는 듯 안정되게 지내다가 시간이 많이 흐른 뒤에도 지난 일을 끄집어내서 다투는 경우가 많다. 사이가 좋다가도 틀어지면 격하게 다투며 끝장을 보려고 하기 때문에 감정표현이 지나치게 된다. 교제가 시작되면 두 사람의 호흡이 잘 맞는다. 처음에는 서로를 탐색하면서 남성이 리드하지만 교제가 계속되면 여성이 리드하게 된다. 둘 다 열정이 부족하기 때문에 쉽사리 관계를 진전시키려고 하지 않고 선뜻 나서려고 하지 않지만 한 번 사랑이 이루어지면 끈끈한 의리로 뭉치게 되어 어지간해서는 결별을 하지 않는 일편단심이 있다.

성적으로 두 사람의 취향이 비슷하기 때문에 무난하지만, 오르가슴을 느끼는 정도는 둘 다 약하다.

음양이 조화되는 I · j와 i · J, 그리고 협동을 이룰 수 있는 i · j의 만남은 좋은 궁합이지만 I · J의 경우는 시간이 지나면서 경쟁적인 관계가 부각되고 부귀의 손상도 가져올 수 있으므로 사랑하는 마음과 믿음이 많이 요구되는 궁합이다.

처음 만나는 순간부터 강한 느낌이 두 사람을 감싸 안고 관계가 급진적으로 발전하여 짧은 시간 안에 강한 연대감을 갖게 될 가능성이 많은 만남이다. 사랑의 감정은 K로부터 생겨나고, 일방적으로 I에게로 향한다. I는 K를 더없이 고맙게 여기고, K 역시 I를 지원하면서 느끼는 보람과 행복감이 매우 크다. 간혹 다투지만 이는 지극한 사랑싸움일 경우가 많다. 완벽하게 만족스러운 의기투합이 이루어지며, 그 결과는 대개 I에게 만족스러운 쪽으로 귀결되는 경우가 많다. 간혹 I에게 의타심을 조장할 수 있다. K가 남자일 경우 파트너에 대한 사랑이 집착으로 발전함으로써 아픔을 얻을 수 있으니 템포를 조절하는 지혜가 필요하다. 교제가 시작되면 두 사람의 호흡이 잘 맞는다. 시종일관 I가 리드하고 서로가 필요한 파트너라는 것을 인식하고 있기 때문에 다투거나 의견충돌이 있더라도 어지간해서는 결별하지 않는다. 두 사람은 눈빛만 봐도 상대방의 심중을 헤아릴 수 있을 정도로 상대방에 대한 이해의 폭이 크다.

섹스에 대해서는 K가 불만을 가지게 되며, 오르가슴에 대해서도 K는 불만을 느끼게 된다.

i·K의 만남이 합심하여 부귀를 얻을 수 있는 최상의 궁합이고, I·K와 i·k는 보통이며, I·k는 k의 지원이 도리어 I의 발전의 지장을 초래하고 k에게는 원망을 주게 된다.

　처음엔 파트너로 인식하지 못했던 사람이 어느 날 연인이 될 가능성이 많은 만남이다. I와 L은 시간이 지남에 따라 점진적으로 사랑을 가꾸어 나가게 된다. 사랑의 감정은 I로부터 생겨나고, 일방적으로 L에게 향하게 된다. 그러나 이들의 사랑은 방해와 난관이 많아 유연하게 이루어지기가 힘들다. 사소한 오해가 결별의 원인이 되기도 하므로 각별한 사랑과 이해심이 없다면 초기에 결별하는 것이 좋다.

　섹스에 대해서는 취향이 비슷하여 무난하고, 둘 다 오르가슴에 대한 불만은 없다.

　음양의 조화가 이루어지는 I · ℓ 의 만남은 난관을 극복하고 사랑을 이루어 내기도 한다. I의 지극한 정성이 기폭제이다. 그러나 ℓ 은 I의 정성을 고맙게 여기면서도 과소평가를 하는 경향을 보이고, I 역시 ℓ 을 지원하면서 느끼는 보람이 크지는 않다. 자주 다투고 심한 경우에는 사소한 일로 결별하기도 한다. 의기투합은 ℓ 이 요구하는 쪽으로 귀결되는 경우가 많아 ℓ 에게 의타심을 조장할 수 있다. I가 여자일 경우 연상의 커플이 될 가능성도 있다. 시종일관 I가 리드하지만 교제가 계속되면 ℓ 이 I로부터 벗어나고 싶어 크게 다투거나 이탈할 수 있다. 지속적인 갈등이 상존할 수 있음을 유의해야 한다.

　I · L과 i · ℓ 은 보통이고, i · L은 i의 지원이 도리어 L의 발전에 지장을 초래하는 불리한 궁합이다.

처음엔 파트너로 인식하지 못했던 사람이 어느 날 연인이 될 가능성이 많은 만남이다. J와 A는 시간이 지남에 따라 점진적으로 사랑을 가꾸어 나가게 된다. 사랑의 감정은 J로부터 생겨나고, 일방적으로 A에게 향하게 된다. 그러나 타산적인 A는 J를 고맙게 여기면서도 과소평가를 하는 경향을 보이니, J 역시 A를 지원하면서 느끼는 보람이 크지는 않다. 자주 다투고 심한 경우에는 사소한 일로 결별하기도 한다. 완벽하지는 않지만 의기투합이 이루어지며, A가 요구하는 쪽으로 귀결되는 경우가 많다. 이는 A에게 의타심을 조장할 수 있다. A가 남자일 경우 연상의 커플이 될 가능성도 있다. 교제가 시작되면 두 사람의 호흡이 잘 맞는다. 시종일관 J가 리드하지만 교제가 계속되면 A가 J로부터 벗어나고 싶어 크게 다투거나 이탈할 수 있다. 자주 의견충돌로 인한 다툼이 있고, J가 화해를 청하기도 하지만 지속적인 갈등으로 발전할 수 있으므로 평소에 상대방에 대한 배려가 필요하다.

섹스에 대한 A의 탐구심에 비해 J의 열정이 약간 부족하기는 하지만, 둘 다 오르가슴에 대한 불만은 적은 편이다.

음양이 조화되는 J·a의 만남이 합심하여 부귀를 얻을 수 있는 최상의 궁합이고, J·A와 j·a는 보통이며, j·A는 j의 지원이 도리어 A의 발전에 지장을 초래하고 다툼의 원인이 되기도 하여 모두에게 불리하니 권하기 힘든 궁합이다.

처음엔 파트너로 인식하지 못했던 사람이 어느 날 연인이 되어 강한 연대감을 갖게 될 가능성이 많은 만남이다. J와 B는 시간이 지남에 따라 점진적으로 사랑을 가꾸어 나가게 된다. 사랑의 감정은 B로부터 생겨나고, 일방적으로 J에게로 향한다. J는 B를 더없이 고맙게 여기고, J 역시 A를 지원하면서 느끼는 보람과 행복감이 매우 크다. 간혹 다투지만 이는 지극한 사랑싸움일 경우가 많다. 완벽하게 만족스러운 의기투합이 이루어지며, 서로에게 만족스러운 쪽으로 귀결되는 경우가 많다. 간혹 J에게 의타심을 조장할 수 있다. J가 남자일 경우 연상의 커플이 될 가능성도 있다. 교제가 시작되면 두 사람의 호흡이 잘 맞는다. 시종일관 B가 리드하지만 교제가 계속되면 J가 주도권을 잡기도 한다. 서로가 필요한 파트너라는 것을 인식하고 있기 때문에 다투거나 의견충돌이 있더라도 어지간해서는 결별하지 않는다. 두 사람은 눈빛만 봐도 상대방의 심중을 헤아릴 수 있을 정도로 상대방에 대한 이해의 폭이 크다. J가 여자라면 B에 의해 우아한 자태를 뽐낼 수 있는 기회를 얻게 된다.

섹스에 대해서도 취향이 비슷해서 무난하며, 둘 다 오르가슴에 대한 불만이 없다.

j·B의 만남이 합심하여 부귀를 얻을 수 있는 최상의 궁합이고, J·B와 j·b, 그리고 J·b도 무난한 궁합이다.

　　J의 날카로운 기질과 C의 성격 중 부드러운 기질이 충돌하여 조화를 이루지 못하고 사사건건 극단적인 의견차이로 인해 굴곡과 갈등을 많이 겪게 되는 만남이다. 특히 C가 여자일 경우에 부정적인 성향이 강하게 나타난다. 교제가 성숙된 다음에도 결별할 수 있으니 가능하면 교제 초기에 결별을 하는 것이 좋다.

　　섹스에 대해서 둔감한 J에 대해 C는 불만이 많으며, 오르가슴에 대해서는 둘 다 불만을 갖게 된다.

　　드물지만 J · C 두 사람이 크게 합심하고 양보하여 어느 정도의 부귀를 얻는 경우가 있다. C의 우직스러울 만큼 순수한 기질 때문에 생긴 문제를 J가 나서서 냉철하고 과감하게 해결해 주기 때문에 C는 J의 의견을 존중하고 따르면 반드시 큰 이익이 있게 된다. J가 남자일 경우 C는 점진적으로 여성스러운 면을 돋보이므로 잘 어울릴 것 같은 만남으로 보이지만 내면에는 다정함보다는 갈등이 많아 살벌하게 다투는 경우가 많다. 교제가 시작되면 시종일관 J가 리드하고, 다툼의 결과도 항상 J의 일방적인 승리로 끝나므로 상처를 입은 C의 마음을 다정하게 감싸 안아 줄 필요도 있다. 시간이 지남에 따라 C가 답답해하며 결별을 생각할 수 있다.

　　j · C와 j · c는 보통이고, J · c는 서로에게 원망을 줄 수 있기 때문에 모두에게 불리하니 권하기 힘든 궁합이다.

어울리지 않는 커플이다. 냉철하고 단호한 J의 기질과 부드럽고 유연한 D의 기질이 충돌하여 조화를 이루지 못하고 사사건건 극단적인 의견차이로 인해 극렬하게 다투고 갈등을 많이 겪게 된다. 특히 D가 여자일 경우에 부정적인 성향이 강하게 나타난다. 교제가 성숙된 다음에도 결별할 수 있으니 가능하면 교제 초기에 결별을 하는 것이 좋다.

섹스에 대해서 둔감한 J에 대해 D는 불만이 많으며, 오르가슴에 대해서도 D는 불만을 갖게 된다.

드물지만 J·D 두 사람이 크게 합심하고 양보하여 어느 정도의 부귀를 얻는 경우가 있다. 결단을 내리지 못하는 D의 문제를 J가 명쾌하게 해결해 주기 때문에 D는 J의 의견을 존중하고 따르면 반드시 큰 이익이 있게 되지만 그 과정에서 D는 마음의 상처를 입게 될 수 있다. J가 남자일 경우 D의 여성스러운 면이 돋보이지만, 의견충돌로 다투는 경우는 많다. 교제가 시작되면 시종일관 J가 리드하고, 시간이 지남에 따라 D가 답답해하며 결별을 생각할 수 있으므로 항상 D에 대해 배려해야 한다. 다툼의 결과는 항상 J의 일방적인 승리로 끝나므로 상처를 입은 D의 마음을 다정하게 감싸 안아 줄 필요도 있다.

j·D와 j·d는 보통이고, J·d는 서로에게 원망을 줄 수 있기 때문에 모두에게 불리하니 권하기 힘든 궁합이다.

　E로부터 정이 생겨 나와 자연스럽게 J에게 흐르는 다정한 만남이다. 처음부터 서로를 이해하고 급속하게 진전된다. 보수적이고 은근한 E가 헌신적으로 J의 성장과 발전을 지원한다. J는 E를 고맙게 여기며 은혜를 갚으려 성심을 다한다. 서로에 대한 이해심이 좋아 의기투합하며, 조화의 결과는 J를 위한 방안으로 귀결되는 경우가 많다. E의 양보와 일방적인 지원은 J에게 의타심을 조장하여 자립심과 책임감의 결여를 초래할 수 있으나 지나치지는 않다. 외견상으로 잘 어울리는 만남이기 때문에 남들의 부러움을 산다. 교제가 시작되면 두 사람의 호흡이 잘 맞는다. 시종일관 E가 리드하지만 교제가 계속되면 J는 벗어날 수 없는 구속감을 느끼고 E로부터 벗어나려고 할 수 있으므로 E는 템포를 조절하는 지혜를 지녀야 한다. 간간이 사소한 다툼은 있지만 E의 잔소리로 인한 것일 수 있다. 싸움도 E가 걸고, 신속한 화해도 E가 청하면서 무난하게 사랑을 이어갈 수 있다.

　섹스에 대한 조화가 무난하고, 둘 다 오르가슴에 대해서는 불만이 없게 된다.

　j · E의 만남이 합심하여 부귀를 얻을 수 있는 최상의 궁합이고, J · E와 j · e는 무난하고, J · e의 만남은 e의 지원이 도리어 J에게는 발전의 지장을 초래하고 e에게는 원망을 주게 되어 두 사람 모두에게 불리하니 권하기 힘든 궁합이다.

상반된 기질을 가졌으면서도 조화롭게 지낼 수 있는 만남이다. J는 냉철하고 날카롭고 F는 급하고 열정적이지만 서로에 대한 이해심이 좋아 의기투합하며, 조화의 결과는 J를 위한 것으로 귀결되는 경우가 많다. 이럴 경우에 J는 자만심이 증가할 수 있으므로 F는 분위기에 휩싸이지 말고 자신의 비판적인 의견을 피력해줘야 하고, J는 겸허하게 충고를 받아들이는 지혜로움이 필요하다. 남들이 부러워하는 만남이며 F는 큰 이해심으로 J을 이해하고 지원하게 된다. 교제가 시작되면 두 사람은 호흡을 조절하면서 천천히 관계를 진전시키다가 밀도 있게 사랑을 만들어 간다. 처음에는 F가 리드하지만 교제가 계속되면 J가 주도권을 쥐고 리드하게 된다. 시간이 지나면서 F는 일방적으로 J에게 희생을 당한다는 기분을 가질 수 있으므로 J는 F에 대한 배려를 아끼지 말아야 한다. 간간이 사소한 다툼은 있지만 F가 먼저 손을 내밀어 화해를 청하게 된다. 사랑이 이루어지면 끈끈한 정으로 인해 어지간해서는 결별하지 않는다.

섹스에 대해서는 열정이 강한 F가 J에 대해 불만스럽게 생각하고, 오르가슴에 대한 F의 불만이 크다.

J·F의 만남이 합심하여 부귀를 얻을 수 있는 최상의 궁합이고, j·F와 j·f는 보통이며, J·f는 f의 희생과 원망이 교차되어 불리하니 권하기 힘든 궁합이다.

　J의 날카롭고 냉철한 기질과 G의 열정적이고 솔직한 기질이 충돌하여 조화를 이루지 못하고 사사건건 극단적인 의견차이로 인해 굴곡과 갈등을 많이 겪게 되는 만남이다. 특히 J가 여자일 경우에 부정적인 성향이 강하게 나타난다. 교제가 성숙된 다음에도 결별할 수 있으니 가능하면 다툼을 피하고 조화를 이루기 위해 노력하는 것이 좋다.

　섹스에 대해서 둔감한 J에 대해 G는 불만이 많으며, 오르가슴에 대해서도 G의 불만이 더 크다.

　드물지만 J·G 두 사람이 크게 합심하고 양보하여 어느 정도의 부귀를 얻는 경우가 있다. G의 지나치게 순수한 열정으로 J의 차가움을 녹여주며 보완해 주기 때문에 J는 G의 의견을 존중하고 따르면 반드시 큰 이익이 있게 된다. G가 남자일 경우 J의 기질이 점진적으로 표출되어 여성스러운 면이 돋보이지만, 의견충돌로 다투는 경우는 많다. 교제가 시작되면 시종일관 G가 리드하려고 하지만 시간이 지나면 J가 주도권을 쥘 수도 있다. J가 주도권을 잡지 못하면 답답해하며 결별을 생각할 수 있으므로 항상 J에 대해 배려해야 한다. 다툼의 결과는 항상 G의 일방적인 승리로 끝나므로 상처를 입은 J의 마음을 다정하게 감싸 안아 줄 필요도 있다.

　J·g와 j·g는 보통이고, j·G는 서로에게 원망을 줄 수 있기 때문에 모두에게 불리하니 권하기 힘든 궁합이다.

처음부터 서로를 이해하고 급속하게 진전된다. H로부터 정이 생겨 나와 자연스럽게 J에게 흐르는 다정한 만남이다. 듬직한 H가 냉철한 I를 지원하여 J의 성장과 발전을 도모하지만 J는 H를 고맙게 여기면서도 불만은 있다. H 역시 J를 성원하면서 느끼는 보람은 작기 때문에 매끄럽지 못한 관계가 된다. 서로에 대한 이해심이 좋아 의기투합하며, 조화의 결과는 J를 위한 방안으로 귀결되는 경우가 많다. H의 양보와 일방적인 지원은 J에게 의타심을 조장하니 과도한 지원은 이롭지 않다. 외견상으로 잘 어울리는 만남이기 때문에 남들의 부러움을 산다. 교제가 시작되면 두 사람의 호흡이 잘 맞는다. 시종일관 H가 리드하지만 교제가 계속되면 J는 벗어날 수 없는 구속감을 느끼고 H로부터 벗어나려고 할 수 있으므로 H는 템포를 조절하는 지혜를 지녀야 한다. H가 여자라면 연상의 커플이 될 수 있다. 간간이 사소한 다툼은 있지만 H의 잔소리로 인한 것일 수 있다.

섹스에 대한 조화가 무난하고, 둘 다 오르가슴에 대한 불만이 없다.

음양이 조화되는 j·H의 만남이 합심하여 부귀를 얻을 수 있는 최상의 궁합이고, J·H와 j·h는 보통이며, J·h는 h의 지원이 도리어 J에게는 발전의 지장을 초래하고 h에게는 원망을 주게 되어 두 사람 모두에게 불리한 궁합이다.

냉정하고 날카로운 사람들의 만남이다. 가치관과 느끼는 감정이 비슷하므로 동감하는 부분이 많고 서로를 잘 이해하지만 기질의 유사점은 양보를 방해하여 간혹 장기적인 다툼을 유발하게 되므로 주의를 해야 한다. 둘 다 인내심이 적어서 감정표현을 자제하지 않으므로 무심코 한 말이 상대의 가슴에 깊은 상처를 줄 수 있고, 외면상으로는 아무런 일이 없는 듯 안정되게 지내다가 시간이 많이 흐른 뒤에도 지난 일을 끄집어내서 다투는 경우가 많다. 사이가 좋다가도 틀어지면 격하게 다투며 끝장을 보려고 하기 때문에 감정표현이 지나치게 된다. 교제가 시작되면 두 사람의 호흡이 잘 맞는다. 처음에는 서로를 탐색하면서 남성이 리드하지만 교제가 계속되면 여성이 리드하게 된다. 둘 다 열정이 부족하기 때문에 쉽사리 관계를 진전시키려고 하지 않고 선뜻 나서려고 하지 않지만 한 번 사랑이 이루어지면 끈끈한 의리로 뭉치게 되어 어지간해서는 결별을 하지 않는 일편단심이 있다.

성적으로 두 사람의 취향이 비슷하기 때문에 무난하지만, 오르가슴을 느끼는 정도는 둘 다 약하다.

음양이 조화되는 J·i와 j·I, 그리고 협동을 이룰 수 있는 j·i의 만남은 좋은 궁합이지만 J·I의 경우는 시간이 지나면서 경쟁적인 관계가 부각되고 부귀의 손상도 가져올 수 있으므로 사랑하는 마음과 믿음이 많이 요구되는 궁합이다.

　냉정하고 날카로운 사람들의 만남이다. 순수함이 지나쳐 불리함이 크다. 가치관과 느끼는 감정이 비슷하므로 동감하는 부분이 많고 서로를 잘 이해하지만 기질의 유사점은 경쟁심을 유발하고 양보를 방해하여 간혹 장기적인 다툼을 유발하게 되므로 주의를 해야 한다. 둘 다 인내심이 적어서 감정표현을 자제하지 않고 극렬하게 다투게 된다. 무심코 한 말이 상대의 가슴에 깊은 상처를 줄 수 있고, 시간이 많이 흐른 뒤에도 지난 일을 끄집어내서 다투는 경우가 많다. 사이가 좋다가도 틀어지면 격하게 다투며 끝장을 보려고 한다. 교제가 시작되면 처음에는 동병상련(同病相憐)하는 심정으로 두 사람의 호흡이 잘 맞는다. 처음에는 서로를 탐색하면서 남성이 리드하지만 교제가 계속되면 여성이 리드하게 된다. 둘 다 열정이 부족하기 때문에 쉽사리 관계를 진전시키려고 하지 않고 선뜻 나서려고 하지 않는다. 어렵게 사랑이 이루어지더라도 다툼이 끊이지 않게 되고 폭력을 행사하게 되며 항상 결별의 폭탄을 안고 살게 되므로 주의해야 한다.

　성적으로 두 사람의 취향이 비슷하기 때문에 무난하지만, 오르가슴을 느끼는 정도는 둘 다 약하다.

　음양이 조화되는 J·j 그리고 협동을 이룰 수 있는 j·j의 만남은 좋은 궁합이지만 J·J의 경우는 시간이 지나면서 투쟁적인 면이 부귀의 손상도 가져올 수 있다.

처음 만나는 순간부터 강한 느낌이 두 사람을 감싸 안고 관계가 급진적으로 발전하여 짧은 시간 안에 강한 연대감을 갖게 될 가능성이 많은 만남이다. 사랑의 감정은 K로부터 생겨나고, 일방적으로 J에게로 향한다. J는 K를 더없이 고맙게 여기고, K 역시 J를 지원하면서 느끼는 보람과 행복감이 매우 크다. 간혹 다투지만 이는 지극한 사랑싸움일 경우가 많다. 완벽하게 만족스러운 의기투합이 이루어지며, 그 결과는 대개 J에게 만족스러운 쪽으로 귀결되는 경우가 많다. K가 남자일 경우 파트너에 대한 사랑이 집착으로 발전함으로써 아픔을 얻을 수 있으니 템포를 조절하는 지혜가 필요하다. 두 사람의 결합은 친밀하지만 자주 방해를 하는 일이 생겨 고초를 겪게 된다. 교제가 시작되면 두 사람의 호흡이 잘 맞는다. 시종일관 K가 리드하고 서로가 필요한 파트너라는 것을 인식하고 있기 때문에 다투거나 의견충돌이 있더라도 어지간해서는 결별하지 않는다. 두 사람은 눈빛만 봐도 상대방의 심중을 헤아릴 수 있을 정도로 상대방에 대한 이해의 폭이 크다.

섹스에 대해서는 K가 불만을 가지게 되며, 오르가슴에 대해서도 K는 불만을 느끼게 된다.

j·K의 만남이 합심하여 부귀를 얻을 수 있는 최상의 궁합이고, J·K와 j·k는 보통이며, J·k는 k의 지원이 도리어 J의 발전의 지장을 초래하고 k에게는 원망을 주게 된다.

J로부터 정이 생겨 나와 자연스럽게 L에게 흐르는 다정한 만남이다. 처음부터 서로를 이해하고 급속하게 진전된다. 이성적이고 자유분방한 L이 J의 헌신적인 지원을 받아 성장과 발전을 거듭한다. L은 J를 고맙게 여기며 은혜를 갚으려 성심을 다한다. 서로에 대한 이해심이 좋아 의기투합하며, 조화의 결과는 L을 위한 방안으로 귀결되는 경우가 많다. J의 양보와 일방적인 지원은 L에게 의타심을 조장하여 자립심과 책임감의 결여를 초래할 수 있으니 과도한 지원은 이롭지 않다. 외견상으로 잘 어울리는 만남이기 때문에 남들의 부러움을 산다. 교제가 시작되면 두 사람의 호흡이 잘 맞는다. 시종일관 J가 리드하지만 교제가 계속되면 L은 벗어날 수 없는 구속감을 느끼고 J로부터 벗어나려고 할 수 있으므로 L은 템포를 조절하는 지혜를 지녀야 한다. 간간이 사소한 다툼은 있지만 J의 잔소리로 인한 것일 수 있다. 싸움도 J가 걸고, 신속한 화해도 J가 청하면서 무난하게 사랑을 이어갈 수 있다.

섹스에 대한 취향이 비슷하므로 조화가 무난하고, 둘 다 오르가슴에는 불만이 없다.

음양이 조화되는 J · ℓ의 만남이 합심하여 부귀를 얻을 수 있는 최상의 궁합이고, J · L과 j · ℓ은 보통이며, j · L은 j의 지원이 도리어 L에게는 발전의 지장을 초래하고 j에게는 원망을 주게 되어 두 사람 모두에게 불리한 궁합이다.

　K는 보수적인 반면 A는 자유분방하기 때문에 상반된 기질로 인해 사사건건 의견이 충돌하고 갈등을 많이 겪게 되는 만남이다. 특히 A가 여자일 경우에 부정적인 성향이 강하게 나타난다. 교제가 성숙된 다음에도 결별할 수 있으므로 가능하면 큰 다툼을 피하는 것이 좋다.

　섹스에 대해 약간 둔감한 듯한 K에게 A는 불만스러워 하지만, 느끼는 오르가슴에 대해서는 둘 다 불만이 없다.

　음양이 조화되는 K · A의 만남은 합심하여 부귀를 얻을 수 있는 최상의 궁합이다. A의 방만하고 무질서한 성격을 K가 철두철미함으로 보완해 주기 때문에 의기투합하며, K의 쓴 충고는 항상 달콤한 결과를 가져다주므로 A는 K의 의견을 존중하게 된다. K가 남자일 경우 A의 여성다운 기질이 더 원활하게 표출되어 외견상으로도 서로에게 잘 어울리며, A를 능수능란하게 리드할 수 있다. 교제가 시작되면 시종일관 K가 리드하지만 시간이 지나면 A가 답답해할 수 있으므로 K는 A에 대한 배려를 아끼지 말아야 한다. 다툼의 결과는 항상 K의 일방적인 승리로 끝나지만 A의 마음속에는 큰 갈등의 잔재가 있을 수 있으니 다정한 어루만짐이 필요하다.

　k · A와 k · a는 보통이고, K · a는 K의 냉혹하고 강한 기질이 a의 여린 가슴에 골이 깊은 상처와 원망을 줄 수 있기 때문에 두 사람 모두에게 불리하니 권하기 힘든 궁합이다.

보수적이고 변화를 싫어하는 만남이다. 가치관과 느끼는 감정이 비슷하므로 동감하는 부분이 많고 서로를 잘 이해하므로 쉽게 가까워진다. 그러나 기질의 유사점은 양보를 방해하여 자주 다투며 장기적인 갈등을 겪게 된다. 내심에 숨어있는 갈등과 상처가 있기 때문에 사이가 좋다가도 틀어지면 격하게 다투게 되고 간혹 끝장을 보려고 극렬한 싸움을 벌이기도 한다. 미워하는 감정표현이 지나치게 된다. 교제가 시작되면 두 사람의 호흡이 잘 맞는다. 처음에는 서로를 탐색하면서 K가 리드하지만 교제가 계속되면 주도권을 주고받는다. 둘 다 내심을 드러내지 않는 기질이 있어 관계를 진전시킬만한 계기를 만들기 쉽지 않지만 성격이 비슷해 보이면서도 개성이 약간 다르기 때문에 K가 적극적으로 나서게 된다. 시간이 지나면 상대방에게 지루함을 느끼게 되고 다투기도 잘하여 매끄럽지 않은 관계가 될 수 있다.

두 사람의 성적 취향이 비슷하여 무난하며, 오르가슴에 대해서도 별로 불만이 없다.

음양이 조화되는 k·B와 K·b, 그리고 협동을 이룰 수 있는 k·b의 만남은 보완적 관계가 되어 부귀를 얻을 수 있는 좋은 궁합이다. K·B의 경우는 시간이 지나면서 경쟁적인 관계가 부각되므로 좋은 궁합이라고 할 수 없으며 부귀의 손상도 가져올 수 있으므로 사랑하는 마음과 믿음이 많이 요구된다.

상반된 기질을 가졌으면서도 조화롭게 지낼 수 있는 만남이다. K는 철두철미한 반면 C는 무조건 곧게 나아가려고 하므로 서로의 장점을 수용하여 의기투합하며, 조화의 결과는 둘 다 만족스러운 쪽으로 귀결되는 경우가 많다. 이럴 경우에 K는 자만심과 의타심을 가질 수 있으므로 C는 확실한 자신의 의견을 제시해줄 필요가 있다. 어울릴 것 같지 않아 보이는 만남이지만 C는 큰 이해심으로 K을 이해하고 지원하게 된다. 교제가 시작되면 두 사람은 호흡을 조절하면서 천천히 관계를 진전시키다가 밀도 있게 사랑을 만들어 간다. 처음에는 C가 리드하지만 교제가 계속되면 K가 주도권을 쥐고 리드하게 된다. 시간이 지나면서 C는 일방적으로 K에게 희생을 당한다는 기분을 가질 수 있으므로 K는 C에 대한 배려를 아끼지 말아야 한다. 간간이 사소한 다툼은 있지만 C가 먼저 손을 내밀어 화해를 청하게 된다. 사랑이 이루어지면 끈끈한 정으로 인해 어지간해서는 결별하지 않는다.

섹스에 대해서는 둘 다 열정이 있어 무난하고, 오르가슴도 만족스럽게 느낀다.

K · C의 만남이 합심하여 부귀를 얻을 수 있는 최상의 궁합이고, k · C와 k · c는 보통이며, K · c는 다툼이 상존하고 c의 희생과 원망이 교차되어 두 사람 모두에게 불리하니 권하기 힘든 궁합이다.

상반된 기질을 가졌으면서도 조화롭게 지낼 수 있는 만남이다. K는 철두철미한 반면 D는 무조건 곧게 나아가려고 하므로 서로의 장점을 수용하여 의기투합하며, 조화의 결과는 둘 다 만족스러운 쪽으로 귀결되는 경우가 많다. 이럴 경우에 K는 자만심과 의타심을 가질 수 있으므로 D는 확실한 자신의 의견을 제시해줄 필요가 있다. 어울릴 것 같지 않아 보이는 만남이지만 D는 큰 이해심으로 K을 이해하고 지원하게 된다. 교제가 시작되면 두 사람은 호흡을 조절하면서 천천히 관계를 진전시키다가 밀도 있게 사랑을 만들어 간다. 처음에는 D가 리드하지만 교제가 계속되면 K가 주도권을 쥐고 리드하게 된다. 시간이 지나면서 D는 일방적으로 K에게 희생을 당한다는 기분을 가질 수 있으므로 K는 D에 대한 배려를 아끼지 말아야 한다. 간간이 사소한 다툼은 있지만 D가 먼저 손을 내밀어 화해를 청하게 된다. 사랑이 이루어지면 끈끈한 정으로 인해 어지간해서는 결별하지 않는다.

섹스에 대해서는 둘 다 열정이 있어 무난하고, 오르가슴도 만족스럽게 느낀다.

K·D의 만남이 합심하여 부귀를 얻을 수 있는 최상의 궁합이고, k·D와 k·d는 보통이며, K·d는 다툼이 상존하고 d의 희생과 원망이 교차되어 두 사람 모두에게 불리하니 권하기 힘든 궁합이다.

지극히 보수적이고 변화를 싫어하는 만남이다. 가치관과 느끼는 감정이 비슷하므로 동감하는 부분이 많지만 서로를 이해하는 데는 인색하다. 강한 고집을 내세워 사소한 일에도 충돌하며 다툼의 양상이 극렬할 수 있으니 각별한 애정이 없다면 교제초기에 결별하는 게 좋다.

성적으로 두 사람의 취향이 비슷하기 때문에 무난하지만, 오르가슴을 느끼는 정도는 둘 다 약하다.

음양이 교차하는 K · e나 k · E의 만남은 무난한 경우가 있지만 다툼과 갈등은 항상 내포하고 있다. 교제가 시작되면 두 사람의 호흡이 잘 맞고, 먼저 남자가 리드하지만 교제가 계속되면 주도권을 주고받는다. 그러나 둘 다 표현을 자제하기 때문에 쉽게 지루함을 느끼게 되어 매끄럽지 않은 관계가 될 수 있다. 평소에는 감정표현을 자제하고 지내므로 외면상으로는 아무런 일이 없는 듯 안정되게 지내지만 내심 갈등이 많고, 한 번 상처를 받으면 오래가기 때문에 시간이 많이 흐른 뒤에도 지난 일을 끄집어내서 다투는 경우가 많다. 사이가 좋다가도 틀어지면 격하게 다투며 끝장을 보려고 하기 때문에 감정표현이 지나치게 되니 양보와 이해의 미덕이 필요하다.

k · e는 보통이고, 음양이 교차하지 않는 K · E의 만남은 시간이 지나면서 경쟁적인 관계가 부각되고 부귀의 손상도 가져올 수 있으므로 권할만한 궁합이 못된다.

처음엔 파트너로 인식하지 못했던 사람이 어느 날 연인이 될 가능성이 많은 만남이다. K와 F는 시간이 지남에 따라 점진적으로 사랑을 가꾸어 나가게 된다. 사랑의 감정은 F로부터 생겨나고, 일방적으로 K에게 향하게 된다. 그러나 이들의 사랑은 방해와 난관이 많아 유연하게 이루어지기가 힘들다. 사소한 오해가 결별의 원인이 되기도 하므로 각별한 사랑과 이해심이 없다면 초기에 결별하는 것이 좋다.

섹스에 대한 F의 강한 열정을 K가 잘 받아들이므로 무난하고, 둘 다 오르가슴을 잘 느낀다.

음양의 조화가 이루어지는 k · F의 만남은 난관을 극복하고 사랑을 이루어 내기도 한다. F의 지극한 정성이 기폭제이다. 그러나 k는 F의 정성을 고맙게 여기면서도 과소평가를 하는 경향을 보이고, F 역시 k를 지원하면서 느끼는 보람이 크지는 않다. 자주 다투고 심한 경우에는 사소한 일로 결별하기도 한다. 의기투합은 k가 요구하는 쪽으로 귀결되는 경우가 많아 k에게 의타심을 조장할 수 있다. k가 남자일 경우 연상의 커플이 될 가능성도 있다. 시종일관 F가 리드하지만 교제가 계속되면 k가 F로부터 벗어나고 싶어 크게 다투거나 이탈할 수 있다. 지속적인 갈등이 상존할 수 있음을 유의해야 한다.

K · F와 k · f는 보통이고, K · f는 f의 지원이 도리어 K의 발전에 지장을 초래하는 불리한 궁합이다.

처음엔 G로부터 정이 생겨 나와 K에게 흐르지만 시간이 지나면 K의 사랑이 G에게로 귀착한다. 두 사람은 처음부터 서로를 이해하고 급속하게 진전된다. 열정이 넘치는 G가 보수적인 K를 설득하고, G는 헌신적인 지원을 아끼지 않으므로 서로는 서로를 고맙게 여기며 은혜를 갚으려 성심을 다하는 최상의 만남이다. 서로에 대한 이해심이 좋아 의기투합하며, 조화의 결과는 모두를 위한 방안으로 귀결되는 경우가 많다. 서로가 양보하고 지원하니 진정한 공동운명체를 이룰 수 있다. 외견상으로 잘 어울리는 화려한 만남이기 때문에 남들의 부러움을 산다. 교제가 시작되면 두 사람의 호흡이 잘 맞는다. 시종일관 G가 리드하지만 그 결과가 항상 만족스럽기 때문에 K는 조금도 불만이 없을 뿐 아니라 적극적으로 호응을 하게 된다. 어지간해서는 다투지 않지만, 간혹 발생하는 다툼은 사랑싸움일 경우가 많다. G가 먼저 화해를 청하는 경우가 많지만 좀처럼 내색을 하지 않는 K 역시 화해하고자 하는 마음이 크다.

섹스에 대해서 열정적이고 탐구적이고 G의 요구를 K가 잘 수용하므로 조화가 무난하고, 큰 오르가슴을 공유한다.

K · g의 만남이 합심하여 부귀를 얻을 수 있는 최상의 궁합이고, K · G와 k · g는 보통이며, k · G는 k에게 원망을 주게 되어 불리한 궁합이다.

지극히 보수적이고 변화를 싫어하는 만남이다. 가치관과 느끼는 감정이 비슷하므로 동감하는 부분이 많지만 서로를 이해하는 데는 인색하다. 강한 고집을 내세워 사소한 일에도 충돌하며 다툼의 양상이 극렬할 수 있으니 각별한 애정이 없다면 교제초기에 결별하는 게 좋다.

성적으로 두 사람의 취향이 비슷하기 때문에 무난하지만, 오르가슴을 느끼는 정도는 둘 다 약하다.

음양이 교차하는 K·h와 k·H의 만남은 무난한 경우가 있지만 다툼과 갈등은 항상 내포하고 있다. 교제가 시작되면 두 사람의 호흡이 잘 맞고, H나 K가 리드하지만 교제가 계속되면 주도권을 주고받는다. 그러나 둘 다 내향적이라서 쉽게 지루함을 느끼게 되어 매끄럽지 않은 관계가 될 수 있다. 평소에는 감정표현을 자제하고 지내므로 외면상으로는 아무런 일이 없는 듯 안정되게 지내지만 내심에는 숨어있는 갈등이 많고, 한 번 상처를 받으면 오래 가기 때문에 시간이 많이 흐른 뒤에도 지난 일을 끄집어내서 다투는 경우가 많다. 사이가 좋다가도 틀어지면 격하게 다투며 끝장을 보려고 하기 때문에 감정표현이 지나치게 되니 양보와 이해의 미덕이 필요하다.

k·h는 보통이고, 음양이 교차하지 않는 K·H의 만남은 시간이 지나면서 경쟁적인 관계가 부각되고 부귀의 손상도 가져올 수 있으므로 권할만한 궁합이 못된다.

처음 만나는 순간부터 강한 느낌이 두 사람을 감싸 안고 관계가 급진적으로 발전하여 짧은 시간 안에 강한 연대감을 갖게 될 가능성이 많은 만남이다. 사랑의 감정은 K로부터 생겨나고, 일방적으로 I에게로 향한다. I는 K를 더없이 고맙게 여기고, K 역시 I를 지원하면서 느끼는 보람과 행복감이 매우 크다. 간혹 다투지만 이는 지극한 사랑싸움일 경우가 많다. 완벽하게 만족스러운 의기투합이 이루어지며, 그 결과는 대개 I에게 만족스러운 쪽으로 귀결되는 경우가 많다. 간혹 I에게 의타심을 조장할 수 있다. K가 남자일 경우 파트너에 대한 사랑이 집착으로 발전함으로써 아픔을 얻을 수 있으니 템포를 조절하는 지혜가 필요하다. 교제가 시작되면 두 사람의 호흡이 잘 맞는다. 시종일관 I가 리드하고 서로가 필요한 파트너라는 것을 인식하고 있기 때문에 다투거나 의견충돌이 있더라도 어지간해서는 결별하지 않는다. 두 사람은 눈빛만 봐도 상대방의 심중을 헤아릴 수 있을 정도로 상대방에 대한 이해의 폭이 크다.

섹스에 대해서는 K가 불만을 가지게 되며, 오르가슴에 대해서도 K는 불만을 느끼게 된다.

K·i의 만남이 합심하여 부귀를 얻을 수 있는 최상의 궁합이고, K·I와 k·i는 보통이며, k·I는 k의 지원이 도리어 I의 발전의 지장을 초래하고 k에게는 원망을 주게 된다.

처음 만나는 순간부터 강한 느낌이 두 사람을 감싸 안고 관계가 급진적으로 발전하여 짧은 시간 안에 강한 연대감을 갖게 될 가능성이 많은 만남이다. 사랑의 감정은 K로부터 생겨나고, 일방적으로 J에게로 향한다. J는 K를 더없이 고맙게 여기고, K 역시 J를 지원하면서 느끼는 보람과 행복감이 매우 크다. 간혹 다투지만 이는 지극한 사랑싸움일 경우가 많다. 완벽하게 만족스러운 의기투합이 이루어지며, 그 결과는 대개 J에게 만족스러운 쪽으로 귀결되는 경우가 많다. K가 남자일 경우 파트너에 대한 사랑이 집착으로 발전함으로써 아픔을 얻을 수 있으니 템포를 조절하는 지혜가 필요하다. 두 사람의 결합은 친밀하지만 자주 방해를 하는 일이 생겨 고초를 겪게 된다. 교제가 시작되면 두 사람의 호흡이 잘 맞는다. 시종일관 K가 리드하고 서로가 필요한 파트너라는 것을 인식하고 있기 때문에 다투거나 의견충돌이 있더라도 어지간해서는 결별하지 않는다. 두 사람은 눈빛만 봐도 상대방의 심중을 헤아릴 수 있을 정도로 상대방에 대한 이해의 폭이 크다.

섹스에 대해서는 K가 불만을 가지게 되며, 오르가슴에 대해서도 K는 불만을 느끼게 된다.

K·j의 만남이 합심하여 부귀를 얻을 수 있는 최상의 궁합이고, K·J와 k·j는 보통이며, k·J는 k의 지원이 도리어 J의 발전의 지장을 초래하고 k에게는 원망을 주게 된다.

보수적이고 변화를 싫어하는 사람들의 만남이다. 가치관과 느끼는 감정이 비슷하므로 동감하는 부분이 많고 서로를 잘 이해하지만 기질의 유사점은 양보를 방해하여 간혹 장기적인 다툼을 유발하게 되므로 주의를 해야 한다. 둘 다 인내심이 많아서 평소에는 감정표현을 자제하고 지내므로 외면상으로는 아무런 일이 없는 듯 안정되게 지내지만 내심에는 숨어있는 갈등이 많고, 한 번 상처를 받으면 오래가기 때문에 시간이 많이 흐른 뒤에도 지난 일을 끄집어내서 다투는 경우가 많다. 사이가 좋다가도 틀어지면 격하게 다투며 끝장을 보려고 하기 때문에 감정표현이 지나치게 된다. 교제가 시작되면 두 사람의 호흡이 잘 맞는다. 처음에는 서로를 탐색하면서 남성이 리드하지만 교제가 계속되면 여성이 리드하게 된다. 그러나 둘 다 내향적이라서 관계를 진전시킬만한 계기를 만들기 어렵다. 상대방에게 지루함을 느끼게 되어 매끄럽지 않은 관계가 될 수 있다.

성적으로 두 사람의 취향이 비슷하기 때문에 무난하고, 둘 다 오르가슴에 대한 불만이 없다.

음양이 조화되는 K · k, 그리고 협동을 이룰 수 있는 k · k의 만남은 좋은 궁합이지만 K · K의 경우는 시간이 지나면서 경쟁적인 관계가 부각되고 부귀의 손상도 가져올 수 있으므로 사랑하는 마음과 믿음이 많이 요구되는 궁합이다.

  K의 보수적인 기질과 L의 자유분방한 기질이 충돌하여 조화를 이루지 못하고 사사건건 극단적인 의견차이로 인해 굴곡과 갈등을 많이 겪게 되는 만남이다. 특히 L이 여자일 경우에 부정적인 성향이 강하게 나타난다. 교제가 성숙된 다음에도 결별할 수 있으니 가능하면 다툼을 피하고 조화를 이루기 위해 노력하는 것이 좋다.

  섹스에 대해서 둔감한 L에 대해 K는 불만이 많으며, 오르가슴에 대해서도 K의 불만이 있다.

  드물지만 K·L 두 사람이 크게 합심하고 양보하여 어느 정도의 부귀를 얻는 경우가 있다. L의 급하고 자유분방한 기질을 K가 효과적으로 제어하면서 보완해 주기 때문에 L은 K의 의견을 존중하고 따르면 반드시 큰 이익이 있게 된다. K가 남자일 경우 L의 기질이 점진적으로 표출되어 여성스러운 면이 돋보이지만, 의견충돌로 다투는 경우는 많다. 교제가 시작되면 시종일관 K가 리드하지만 시간이 지나면 L이 주도권을 쥘 수도 있다. L이 주도권을 잡지 못하면 답답해하며 결별을 생각할 수 있으므로 항상 L에 대해 배려해야 한다. 다툼의 결과는 항상 K의 일방적인 승리로 끝나므로 상처를 입은 L의 마음을 다정하게 감싸 안아 줄 필요도 있다.

  k·L, k·ℓ은 보통이고, K·ℓ은 서로에게 원망을 줄 수 있기 때문에 모두에게 불리하니 권하기 힘든 궁합이다.

멋쟁이의 이성적이고 자유분방한 만남이다. 순리적이고 조화로운 분위기를 좋아하지만 초지일관하는 마음과 성실함은 부족하다. 그래서 감정이 변하기 쉽고 안정적인 측면 역시 부족하다. 상황에 대해 느끼는 감정이 비슷하여 양보를 방해하고 간혹 장기적인 다툼을 유발하기도 하지만 어느 정도 상대방에 대한 배려심을 갖고 있으므로 시간이 흐르면 관계가 서서히 회복된다. 교제가 시작되면 두 사람의 호흡이 잘 맞는다. 처음에는 서로를 탐색하면서 남성이 리드하지만 교제가 계속되면 주도권을 주고받게 된다. 성격이 비슷해 보이면서도 개성이 약간 다르기 때문에 관계를 진전시킬만한 계기를 쉽게 만들어 간다. 시간이 지나면 상대방에게 지루함을 느끼게 되고 다투기도 잘하지만 순발력있게 대처하므로 무난하게 관계를 유지할 수 있다.

두 사람의 정력이 좋고, 탐구심이 많아 다양한 체위를 즐기며, 만족할만한 오르가슴을 느낀다.

음양이 조화되는 L·a와 ℓ·A, 그리고 협동을 이룰 수 있는 ℓ·a의 만남은 진정한 동반자로서의 보완적 관계가 되어 부귀를 얻을 수 있는 좋은 궁합이다. L·A의 경우는 시간이 지나면서 경쟁적인 관계가 부각되므로 좋은 궁합이라고 할 수 없으며 부귀의 손상도 가져올 수 있으므로 사랑하는 마음과 믿음이 많이 요구된다.

상반된 기질을 가졌으면서도 조화롭게 지낼 수 있는 만남이다. L은 이성적이고 자유분방한 반면 B는 철두철미하고 보수적이지만 서로에 대한 이해심이 좋아 의기투합하며, 조화의 결과는 L을 위한 것으로 귀결되는 경우가 많다. 이럴 경우에 L은 자만심이 증가할 수 있으므로 자신의 의견과 다른 B의 의견을 진정한 충고로 받아들이는 지혜로움이 필요하다. 남들이 부러워하는 만남이며 B는 큰 이해심으로 L을 이해하고 지원하게 된다. 교제가 시작되면 두 사람은 호흡을 조절하면서 천천히 관계를 진전시키다가 밀도 있게 사랑을 만들어 간다. 처음에는 B가 리드하지만 교제가 계속되면 L이 주도권을 쥐고 리드하게 된다. 시간이 지나면서 B는 일방적으로 L에게 희생을 당한다는 기분을 가질 수 있으므로 L은 B에 대한 배려를 아끼지 말아야 한다. 간간이 사소한 다툼은 있지만 B가 먼저 손을 내밀어 화해를 청하게 된다. 사랑이 이루어지면 끈끈한 정으로 인해 어지간해서는 결별하지 않는다.

섹스에 대해서는 둘 다 열정이 부족한 편이나 탐구심은 많고, 오르가슴을 느끼는 정도는 약하지만 불만스럽지는 않다.

ℓ · B의 만남이 합심하여 부귀를 얻을 수 있는 최상의 궁합이고, L · B와 ℓ · b는 보통이며, L · b는 다툼이 상존하고 b의 희생과 원망이 교차되어 두 사람 모두에게 불리하니 권하기 힘든 궁합이다.

L이 미래지향적이며 밝은 C를 조용하면서도 차분하게 지원을 하는 만남이다. 둘 다 순응하는 조화를 좋아하지만 L의 변덕으로 인해서 간혹 파란이 생겨 불안정할 때가 있다. L로부터 정이 생겨 자연스럽게 C에게 흐르므로 처음부터 서로를 이해하고 급속하게 진전된다. L이 헌신적으로 C의 성장과 발전을 지원하므로 C는 L을 고맙게 여기면서도 약간의 불만이 있고, L역시 헌신의 결과가 상큼하지 않음을 느끼게 된다. 의기투합의 결과는 C를 위한 방안으로 귀결되는 경우가 많다. L의 양보와 일방적인 지원은 C에게 의타심을 조장하여 자립심과 책임감의 결여를 초래할 수 있다. C가 남자일 경우 연상의 커플이 될 가능성이 있다. 교제가 시작되면 두 사람의 호흡이 잘 맞는다. 시종일관 C가 리드하지만 교제가 계속되면 L은 벗어날 수 없는 구속감을 느끼고 C로부터 벗어나려고 할 수 있으므로 C는 템포를 조절하는 지혜를 지녀야 한다. 간간이 일어나는 사소한 다툼이 결별로 이어질 수 있으니 주의해야 한다.

섹스에 대한 조화가 무난하고, 둘 다 만족스러운 오르가슴을 얻을 수 있게 된다.

L·c의 만남이 합심하여 부귀를 얻을 수 있는 최상의 궁합이고, L·C와 ℓ·c는 보통, ℓ·C의 만남은 ℓ의 지원이 도리어 C에게는 지장을 초래하고 ℓ에게는 원망을 주는 궁합이다.

L로부터 정이 생겨 나와 자연스럽게 D에게 흐르는 다정한 만남이다. 처음부터 서로를 이해하고 급속하게 진전된다. 이성적이고 자유분방한 D가 L의 헌신적인 지원을 받아 성장과 발전을 거듭한다. D는 L을 고맙게 여기며 은혜를 갚으려 성심을 다한다. 서로에 대한 이해심이 좋아 의기투합하며, 조화의 결과는 D를 위한 방안으로 귀결되는 경우가 많다. L의 양보와 일방적인 지원은 D에게 의타심을 조장하여 자립심과 책임감의 결여를 초래할 수 있으니 과도한 지원은 이롭지 않다. 외견상으로 잘 어울리는 만남이기 때문에 남들의 부러움을 산다. 교제가 시작되면 두 사람의 호흡이 잘 맞는다. 시종일관 L가 리드하지만 교제가 계속되면 D는 벗어날 수 없는 구속감을 느끼고 L로부터 벗어나려고 할 수 있으므로 L은 템포를 조절하는 지혜를 지녀야 한다. 간간이 사소한 다툼은 있지만 L의 잔소리로 인한 것일 수 있다. 싸움도 L이 걸고, 신속한 화해도 L이 청하면서 무난하게 사랑을 이어갈 수 있다.

섹스에 대해서 둘 다 탐구적이고 새로운 것을 좋아하므로 조화가 무난하고, 오르가슴에도 불만이 없다.

음양이 조화되는 $L \cdot d$의 만남이 합심하여 부귀를 얻을 수 있는 최상의 궁합이고, $L \cdot D$와 $\ell \cdot d$는 보통이며, $\ell \cdot D$는 ℓ의 지원이 도리어 D에게는 발전의 지장을 초래하고 ℓ에게는 원망을 주게 되어 두 사람 모두에게 불리한 궁합이다.

L의 이성적이고 자유분방한 기질과 E의 철두철미하고 보수적인 기질이 충돌하여 조화를 이루지 못하고 사사건건 극단적인 의견충돌을 하여 굴곡과 갈등을 많이 겪게 되는 만남이다. 특히 L이 여자일 경우에 부정적인 성향이 강하게 나타난다. 교제가 성숙된 다음에도 결별할 수 있으니 가능하면 교제 초기에 결별을 하는 것이 좋다.

섹스에 대해서 둔감한 E에 대해 L은 불만이 많으며, 오르가슴에 대해서는 둘 다 불만을 갖게 된다.

드물지만 L·E 두 사람이 크게 합심하고 양보하여 어느 정도의 부귀를 얻는 경우가 있다. L의 급하고 자유분방한 기질을 E가 철두철미함으로 보완해 주기 때문에 L은 E의 의견을 존중하고 따르면 반드시 큰 이익이 있게 된다. 하지만 그 과정에서 L은 마음의 상처를 입게 될 수 있다. E가 남자일 경우 L의 기질이 점진적으로 표출되어 여성스러운 면이 돋보이지만, 의견충돌로 다투는 경우는 많다. 교제가 시작되면 시종일관 E가 리드하지만 시간이 지남에 따라 L이 답답해하며 결별을 생각할 수 있으므로 항상 L에 대해 배려해야 한다. 다툼의 결과는 항상 E의 일방적인 승리로 끝나므로 상처를 입은 L의 마음을 다정하게 감싸 안아 줄 필요도 있다.

L·e와 ℓ·e는 보통이고, ℓ·E는 서로에게 원망을 줄 수 있기 때문에 모두에게 불리하니 권하기 힘든 궁합이다.

　둘 다 자유분방하지만 L은 이성적인 반면 F는 감성적이기 때문에 상반된 기질로 인해 사사건건 의견이 충돌하고 갈등을 많이 겪게 되는 만남이다. 특히 F가 여자일 경우에 부정적인 성향이 강하게 나타난다. 교제가 성숙된 다음에도 결별할 수 있으니 가능하면 교제 초기에 결별을 하는 것이 좋다.

　섹스에 대한 두 사람의 취향이 달라 불만이 많고, 오르가슴에 대해서 F가 불만스러워한다.

　음양이 조화되는 L·F의 만남은 두 사람이 크게 합심하고 양보하면 의외로 큰 부귀를 얻을 수 있는 최상의 궁합이다. 하지만 그런 합심과 양보를 이루어 낼 가능성은 매우 희박하다. F의 급하고 감정적인 성격을 L이 이성적으로 보완해 주기 때문에 F는 L의 의견을 존중하고 따르면 반드시 큰 이익이 있게 된다. L이 남자일 경우 F의 여성다운 기질이 더 원활하게 표출되어 외견상으로도 서로에게 잘 어울리지만, 의견충돌로 다투는 경우는 많다. 교제가 시작되면 시종일관 L이 리드하지만 시간이 지나면 F가 답답해하며 결별을 생각할 수 있으므로 L은 항상 F에 대한 배려를 아끼지 말아야 한다. 다툼의 결과는 항상 L의 일방적인 승리로 끝나므로 상처를 입은 F의 마음을 다정하게 감싸 안아 줄 필요가 있다.

　ℓ·F는 보통이고, L·f와 ℓ·f는 서로에게 원망을 줄 수 있기 때문에 모두에게 불리하니 권하기 힘든 궁합이다.

둘 다 자유분방하지만 L은 이성적인 반면 G는 감성적이기 때문에 상반된 기질로 인해 사사건건 의견이 충돌하고 갈등을 많이 겪게 되는 만남이다. 특히 G가 여자일 경우에 부정적인 성향이 강하게 나타난다. 교제가 성숙된 다음에도 결별할 수 있으므로 가능하면 큰 다툼을 피하는 것이 좋다.

섹스에 대한 두 사람의 취향이 달라 G의 불만이 많고, 오르가슴에 대해서도 G는 불만이 있다.

L · G의 만남은 합심하여 부귀를 얻을 수 있는 최상의 궁합이다. G의 급하고 감정적인 성격을 L은 이성적으로 보완해 주기 때문에 의기투합하며, L의 쓴 충고는 항상 달콤한 결과를 가져다주므로 G는 L의 의견을 존중하게 된다. L이 남자일 경우 G의 여성다운 기질이 더 원활하게 표출되어 외견상으로도 서로에게 잘 어울리며, G를 능수능란하게 리드할 수 있다. 교제가 시작되면 시종일관 L이 리드하지만 시간이 지나면 G가 답답해할 수 있으므로 L은 G에 대한 배려를 아끼지 말아야 한다. 다툼의 결과는 항상 L의 일방적인 승리로 끝나지만 G의 마음속에는 큰 갈등의 잔재가 남아 있을 수 있으니 다정한 어루만짐이 필요하다.

ℓ · G와 ℓ · g는 보통이고, L · g는 L의 냉정한 기질이 g의 감성적인 가슴에 골이 깊은 상처와 원망을 줄 수 있기 때문에 두 사람 모두에게 불리하니 권하기 힘든 궁합이다.

상반된 기질을 가졌으면서도 조화롭게 지낼 수 있는 만남이다. L은 이성적이고 자유분방한 반면 H는 철두철미하고 보수적이지만 서로에 대한 이해심이 좋아 양보하고 의기투합하며, 조화의 결과는 서로에게 이로운 절충점으로 귀결되는 경우가 많다. 상대방의 기질을 잘 이해하고 포용하여 유연하게 만들어주는 등 서`로의 장점을 수용하여 의기투합하는 조화로운 지혜가 있기 때문이다. 처음에 봤을 때는 의견의 차이가 많고 어울릴 것 같지 않은 사람들이지만 교제가 시작되면 두 사람은 호흡을 조절하면서 천천히 관계를 진전시키다가 밀도있게 사랑을 만들어 간다. 처음에는 H가 리드하지만 교제가 계속되면 주도권을 주고받는다. H가 남자라면 믿음직스러운 남편과 자상한 아내의 커플이 된다. 다투는 경우가 드물고, L의 잔소리로 인해 다투더라도 서로에게 큰 상처는 주지 않으며, 곧바로 H가 화해의 손을 내밀어 관계를 회복시킨다. 한번 사랑이 이루어지고 나면 끈끈한 정으로 인해 어지간해서는 결별하지 않는다.

섹스에 대한 두 사람의 취향이 비슷하기 때문에 무난하며, 둘 다 오르가슴에 대해서는 불만이 없다.

L · H의 만남이 합심하여 부귀를 얻을 수 있는 최상의 궁합이고, ℓ · H와 L · h는 보통이며, ℓ · h는 서로에게 희생과 원망을 주므로 두 사람에게 불리하니 권하기 힘든 궁합이다.

처음엔 파트너로 인식하지 못했던 사람이 어느 날 연인이 될 가능성이 많은 만남이다. L과 I는 시간이 지남에 따라 점진적으로 사랑을 가꾸어 나가게 된다. 사랑의 감정은 I로부터 생겨나고, 일방적으로 L에게 향하게 된다. 그러나 이들의 사랑은 방해와 난관이 많아 유연하게 이루어지기가 힘들다. 사소한 오해가 결별의 원인이 되기도 하므로 각별한 사랑과 이해심이 없다면 초기에 결별하는 것이 좋다.

섹스에 대해서는 취향이 비슷하여 무난하고, 둘 다 오르가슴에 대한 불만은 없다.

음양의 조화가 이루어지는 $\ell \cdot$ I의 만남은 난관을 극복하고 사랑을 이루어 내기도 한다. I의 지극한 정성이 기폭제이다. 그러나 ℓ 은 I의 정성을 고맙게 여기면서도 과소평가를 하는 경향을 보이고, I 역시 ℓ 을 지원하면서 느끼는 보람이 크지는 않다. 자주 다투고 심한 경우에는 사소한 일로 결별하기도 한다. 의기투합은 ℓ 이 요구하는 쪽으로 귀결되는 경우가 많아 ℓ 에게 의타심을 조장할 수 있다. I가 여자일 경우 연상의 커플이 될 가능성도 있다. 시종일관 I가 리드하지만 교제가 계속되면 ℓ 이 I로부터 벗어나고 싶어 크게 다투거나 이탈할 수 있다. 지속적인 갈등이 상존할 수 있음을 유의해야 한다.

L · I와 $\ell \cdot$ i는 보통이고, L · i는 i의 지원이 도리어 L의 발전에 지장을 초래하는 불리한 궁합이다.

 알기쉽고 신비한 신세대 궁합코드

　　J로부터 정이 생겨 나와 자연스럽게 L에게 흐르는 다정한 만남이다. 처음부터 서로를 이해하고 급속하게 진전된다. 이성적이고 자유분방한 L이 J의 헌신적인 지원을 받아 성장과 발전을 거듭한다. L은 J를 고맙게 여기며 은혜를 갚으려 성심을 다한다. 서로에 대한 이해심이 좋아 의기투합하며, 조화의 결과는 L을 위한 방안으로 귀결되는 경우가 많다. J의 양보와 일방적인 지원은 L에게 의타심을 조장하여 자립심과 책임감의 결여를 초래할 수 있으니 과도한 지원은 이롭지 않다. 외견상으로 잘 어울리는 만남이기 때문에 남들의 부러움을 산다. 교제가 시작되면 두 사람의 호흡이 잘 맞는다. 시종일관 J가 리드하지만 교제가 계속되면 L은 벗어날 수 없는 구속감을 느끼고 J로부터 벗어나려고 할 수 있으므로 L은 템포를 조절하는 지혜를 지녀야 한다. 간간이 사소한 다툼은 있지만 J의 잔소리로 인한 것일 수 있다. 싸움도 J가 걸고, 신속한 화해도 J가 청하면서 무난하게 사랑을 이어갈 수 있다.

　　섹스에 대한 취향이 비슷하므로 조화가 무난하고, 둘 다 오르가슴에는 불만이 없다.

　　음양이 조화되는 ℓ · J의 만남이 합심하여 부귀를 얻을 수 있는 최상의 궁합이고, L · J와 ℓ · j는 보통이며, L · j는 j의 지원이 도리어 L에게는 발전의 지장을 초래하고 j에게는 원망을 주게 되어 두 사람 모두에게 불리한 궁합이다.

 L의 자유분방한 기질과 K의 보수적인 기질이 충돌하여 조화를 이루지 못하고 사사건건 극단적인 의견차이로 인해 굴곡과 갈등을 많이 겪게 되는 만남이다. 특히 L이 여자일 경우에 부정적인 성향이 강하게 나타난다. 교제가 성숙된 다음에도 결별할 수 있으니 가능하면 다툼을 피하고 조화를 이루기 위해 노력하는 것이 좋다.

 섹스에 대해서 둔감한 L에 대해 K는 불만이 많으며, 오르가슴에 대해서도 K의 불만이 있다.

 드물지만 L·K 두 사람이 크게 합심하고 양보하여 어느 정도의 부귀를 얻는 경우가 있다. L의 급하고 자유분방한 기질을 K가 효과적으로 제어하면서 보완해 주기 때문에 L은 K의 의견을 존중하고 따르면 반드시 큰 이익이 있게 된다. K가 남자일 경우 L의 기질이 점진적으로 표출되어 여성스러운 면이 돋보이지만, 의견충돌로 다투는 경우는 많다. 교제가 시작되면 시종일관 K가 리드하지만 시간이 지나면 L이 주도권을 쥘 수도 있다. L이 주도권을 잡지 못하면 답답해하며 결별을 생각할 수 있으므로 항상 L에 대해 배려해야 한다. 다툼의 결과는 항상 K의 일방적인 승리로 끝나므로 상처를 입은 L의 마음을 다정하게 감싸 안아 줄 필요도 있다.

 L·k와 ℓ·k는 보통이고, ℓ·K는 서로에게 원망을 줄 수 있기 때문에 모두에게 불리하니 권하기 힘든 궁합이다.

지극히 자유분방하면서도 이성적인 만남이다. 가치관과 느끼는 감정이 비슷하므로 동감하는 부분이 많지만 서로를 이해하는 데는 인색하다. 강한 고집을 내세워 사소한 일에도 충돌하며 다툼의 양상이 극렬할 수 있으니 각별한 애정이 없다면 교제초기에 결별하는 게 좋다.

성적으로 두 사람의 취향이 비슷하기 때문에 무난하지만, 오르가슴을 느끼는 정도는 둘 다 약하다.

음양이 교차하는 L·ℓ과 ℓ·L의 만남은 무난한 경우가 있지만 다툼과 갈등은 항상 내포하고 있다. 교제가 시작되면 두 사람의 호흡이 잘 맞고, 처음에는 L이 리드하지만 교제가 계속되면 주도권을 주고받는다. 그러나 둘 다 성격이 급한 편이라 자주 다투게 되어 매끄럽지 않은 관계가 될 수 있다. 평소에도 감정표현을 자제하지 않지만 내심에도 숨어있는 갈등이 많기 때문에 시간이 많이 흐른 뒤에도 지난 일을 끄집어내서 다투는 경우가 많다. 사이가 좋다가도 틀어지면 격하게 다투며 끝장을 보려고 하기 때문에 감정표현이 지나치게 되니 양보와 이해의 미덕이 필요하다. 두 사람이 조화를 잘 이루어내면 진정한 동반자가 될 수 있다.

ℓ·ℓ은 보통이고, 음양이 교차하지 않는 L·L의 만남은 시간이 지나면서 경쟁적인 관계가 부각되고 부귀의 손상도 가져올 수 있으므로 권할만한 궁합이 못된다.

1. 우주변화의 원리. 한동석, 행림출판

2. 명리탐원. 원수책, 무릉

3. 연해자평정해. 심재열, 삼신서적

4. 명리정종정해. 심재열, 명문당

5. 주역. 윤재근, 동학사

6. 주역신단. 백운곡, 명문당

7. 사주첩경. 이석영, 한국역학교육학원

8. 사주정설. 백영관, 명문당

9. 사주명리학 대사전. 신육천, 갑을당

10. 사주감정법 총청리. 신육천, 한림원

11. 타임머신 사주팔자. 박일봉, 유한사

12. 현대사주추명학. 조성우, 명문당

13. 대사주비전. 추송학, 생활문화사

14. 사주대관. 김우제, 삼신서적

15. 역단. 마의천, 녹원

16. 육갑. 마의천, 보성출판사

17. 명. 김상연, 갑을당

18. 왕초보 사주학. 박주현, 동학사

19. 신살학전서. 민지회, 역서보급사

20. 한국여성의 과부팔자. 남궁상, 역학사

21. 운이 강한 자를 건드리지 마라. 안현덕, 백송

22. 남자가 불쌍해. 김민조, 이야기

23. 컴퓨터 만세력. 김상연, 갑을당

24. 정본 만세력. 김우제, 명문당

25. 오늘의 사주학. 정현근. 동학사

26. 논리적 사주풀이. 과학역학연구회. 계백

27. 택일대감. 대한역법연구소, 대지문화사

28. 사주와 한의학. 종의명. 여강

29. 한방생활. 생활한방연구소

30. 브리테니커 세계대백과사전. 동아일보

31. 작명보감. 정보국, 밀알

32. 명당. 최명우, 수문출판사

33. 좋은 땅이란. 최창조, 서해문집

34. 가정의례백과. 유덕선, 신나라

35. 정도령. 윤태현, 신원문화사

36. 동양역학전서. (주)동아도서

저자소개

■ **범전 김춘기(凡田 金春基)**

사단법인 한국역리학회 중앙학술위원

현재 『삼성철학원』 운영
　　　『범전 역리학 강의실』 운영

[저서]
▪『그림으로 배우는 사주원리』(백산출판사)

▪ 그림으로 배우는 사주통변술 ①
『신살 · 격국 총정리』(백산출판사)

▪ 그림으로 배우는 사주통변술 ②
『궁합과 성클리닉』(백산출판사)

▪『운을 알아야 성공할 수 있다』(동남기획)

전화 : 017-645-4984

알기쉽고 신비한
신세대 궁합코드

2005년 1월 5일 인 쇄
2005년 1월 10일 발 행

著 者 金　　春　　其
發行人 秦　　誠　　遠

發行處 **경덕출판사**
서울시 성북구 정릉3동 653-40
등록 : 1974. 1. 9. 제1-72호
전화 : 914-1621, 917-6240
FAX : 912-4438
http://www.baek-san.com
edit@baek-san.com

값 **10,000원**
ISBN 89-91197-04-3